Band 77

OutdoorHandbuch

Frank Noack & Stefanie Polster

Wohnmobil in USA und Kanada

Wohnmobil in USA und Kanada

die OUTDOOR Verlage

Mit uns nach draußen

Alle Informationen, schriftlich und zeichnerisch,
wurden nach bestem Wissen zusammengestellt und überprüft.
Sie waren korrekt zum Zeitpunkt der Recherche.
Eine Garantie für den Inhalt, z.B. die immerwährende Richtigkeit
von Preisen, Adressen, Telefon- und Faxnummern sowie
InternetAdressen, Zeit- und sonstigen Angaben,
kann naturgemäß von Verlag und Autor - auch im Sinne der
Produkthaftung - nicht übernommen werden.

Die Autoren und der Verlag sind für Lesertipps
und Verbesserungen (besonders per E-Mail) unter Angabe
der Auflagen- und Seitennummer dankbar.

Dieses OutdoorHandbuch hat 173 Seiten mit 68 farbigen Abbildungen sowie 13 farbigen Illustrationen. Es wurde auf chlorfrei
gebleichtem Papier gedruckt, in Deutschland klimaneutral hergestellt und transportiert (die Zertifikatnummer finden Sie auf unserer
Internetseite) und wegen der größeren Strapazierfähigkeit mit
PUR-Kleber gebunden.

www.conrad-stein-verlag.de

www.fraserways.com

www.fraserways.com

OutdoorHandbuch aus der Reihe „Basiswissen für draußen", Band 77

ISBN 978-3-86686-410-8   3., aktualisierte Auflage

© BASISWISSEN FÜR DRAUSSEN, DER WEG IST DAS ZIEL und FERNWEHSCHMÖKER sind
urheberrechtlich geschützte Reihennamen für Bücher des Conrad Stein Verlags

Dieses OutdoorHandbuch wurde konzipiert und redaktionell erstellt vom
Conrad Stein Verlag GmbH, Postfach 1233, 59512 Welver,
Kiefernstraße 6, 59514 Welver, ☎ 023 84/96 39 12, FAX 96 39 13,
✍ info@conrad-stein-verlag.de, 💻 www.conrad-stein-verlag.de

 Werden Sie unser Fan: 💻 www.facebook.com/outdoorverlage

Unsere Bücher sind überall im wohl sortierten Buchhandel und in cleveren Out-
doorshops in Deutschland, Österreich und der Schweiz erhältlich.
Auslieferung für den Buchhandel:
D   Prolit, Fernwald und alle Barsortimente
A   freytag & berndt, Wolkersdorf
CH   AVA-buch 2000, Affoltern und Schweizer Buchzentrum
I   Leimgruber A & Co. OHG/snc, Kaltern
BENELUX   Willems Adventure, LT Maasdijk
E   mapiberia f&b, Ávila

Text: Ingrid & Wolfgang Sauer
Überarbeitung dieser Auflage: Frank Noack & Stefanie Polster
Fotos: Frank Noack (fn), Dieter Großelohmann (dg), www.fraserway.com
Illustrationen: Frank Noack
Lektorat: Marie-Luise Großelohmann
Layout: Annalena Hunke
Gesamtherstellung: AZ Druck und Datentechnik GmbH, Kempten

Titelfoto: Am Emerald Lake in Kanada (📷 www.fraserway.com)

Inhalt

Der Flug nach Nordamerika und die Übernahme des Wohnmobils   104

Mit dem Wohnmobil auf Tour   124

Outdoorliteratur und Umweltschutz

- was könnte besser zusammenpassen? Wir vom Conrad Stein Verlag produzieren unsere Bücher so umweltschonend wie möglich.

Wir drucken klimaneutral!

Wir verwenden nicht nur umweltfreundliche Materialien, sondern arbeiten auch mit einer Druckerei zusammen, die sich für Klimaschutz engagiert. Dass beim Druck klimaschädliches CO_2 entsteht, lässt sich leider nicht vermeiden. Dies versuchen wir aber auszugleichen, indem wir Klimaschutzprojekte unterstützen - z.B. den Bau von Wasserkraftwerken, die besonders wenig CO_2 produzieren. So werden die Treibhausgase, die beim Druck unserer Bücher entstehen, an anderer Stelle eingespart.

Auf unserer Homepage finden Sie für jedes Buch eine Climate-Partner-Zertifikatsnummer und einen Link zu der Seite 🖳 www.climatepartner.com. Hier finden Sie weitere Informationen und können sehen, welche Umweltprojekte mit unseren Abgaben gefördert wurden.

Übrigens ...

... war der Conrad Stein Verlag der erste Buchverlag in Deutschland, der konsequent klimaneutral produzieren und transportieren ließ. Wir hoffen, dass uns viele andere Verlage auf diesem Weg folgen!

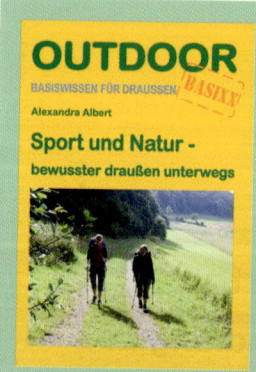

Sport und Natur
bewusster draußen unterwegs

Conrad Stein Verlag
OutdoorHandbuch Band 239
Basiswissen für draußen

ISBN 978-3-86686-275-3

Erleben & Lernen: „Es liegt ein kleines, kompaktes Buch vor, klimaneutral gedruckt - alle Achtung! -, voller Informationen, Verweise und anregender Fotos."

Über die Autoren

Das Ehepaar Sauer (beide Diplom-Volkswirte) hat 20 Jahre lang ein auf Wohnmobil-Reisen spezialisiertes Unternehmen betrieben. Umfangreiche Erfahrungen mit Wohnmobilen aller Art ergaben sich nicht nur aus Planung und Abwicklung der selbst veranstalteten Reisen, sondern auch aus eigenen Reisen von mehr als 100.000 km in verschiedensten Wohnmobil-Typen auf dem nordamerikanischen Kontinent.

Die vorliegende Ausgabe wurde von Frank Noack und Stefanie Polster überarbeitet, gemeinsam betreiben sie seit 10 Jahren eine kleine Wohnmobil-vermietung in der Nähe von Los Angeles.

🖥 www.usa-camper.de und www.usacamperrv.de

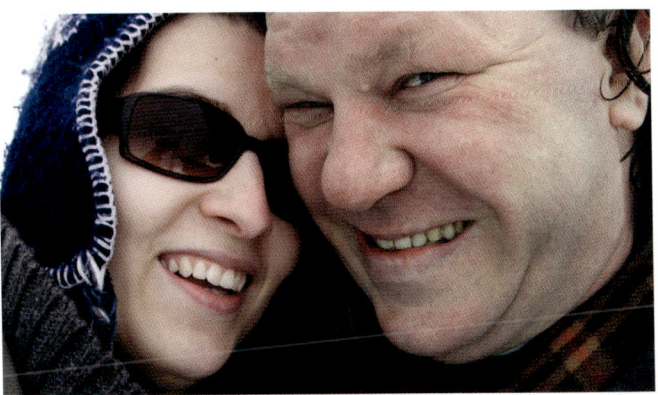

Stefanie Polster und Frank Noack

Danke

Der Verlag bedankt sich bei Bernie Lehmann von Fraserway Vancouver für die zahlreichen Bilder, die er uns für dieses Buch zur Verfügung gestellt hat.

Symbole

🖐	Achtung!	📷	Fotoverweis
🚗	American Automobile Association	🖥	Homepage
		☺	Tipp
📖	Buchtipp	☞	Verweis
🚗	Canadian Automobile Association		

Einleitung

Wohnmobilreisen durch Nordamerika werden in Europa seit etwa 50 Jahren angeboten, die Nachfrage steigt immer noch. Da sollte man doch meinen, dass genügend Wissen über diese Reiseart in den Reisebüros und den Veranstalterprospekten vorhanden sein müsste. So dachten wir auch, bis wir unterwegs Urlauber trafen, die - wenig vorbereitet und nicht gut informiert - Rat und Hilfe gebrauchen konnten. Sollte das Wohnmobil noch immer das „unbekannte Wesen" sein?

Darüber haben wir während der Reise nachgedacht und auch mit erfahrenen Mitarbeitern von Vermietern und mit Campingplatzmanagern gesprochen. Alle haben uns bestärkt darin, dass es sinnvoll wäre, ein Buch zu schreiben, das „alles übers Wohnmobil" enthält.

Wir beschreiben keine Routen, keine Sehenswürdigkeiten und weisen auch nicht auf die Besonderheiten der kanadischen Provinzen oder der Staaten der USA hin. Dieses Buch ist vielmehr als ausführliche **Ergänzung zu den zahlreichen Reiseführern** über die USA und Kanada gedacht.

Ein Wohnmobil ist das Motorhome, der Pickup-Camper, das Fifth Wheel genannte Gespann aus Kleinlaster und aufliegendem Trailer, der Van Conversion und der VW-Camper.

Woran liegt es eigentlich, dass bei steigender Nachfrage das Informationsniveau nicht Schritt hält? Setzen die Veranstalter voraus, dass die Beschreibungen in den Prospekten, die Beratung im Reisebüro und die Einweisung durch den Vermieter ausreichen? Wohl kaum. Viel mehr schlagen die Kosten für die Prospekte zu Buche: Jede gedruckte Seite muss einen bestimmten Umsatz bringen, und da verbietet es sich, mehr als das unbedingt Notwendige über ein technisch recht kompliziertes Produkt, das das Wohnmobil nun einmal ist, zu schreiben. Damit mag es auch zusammenhängen, dass mindestens ein halbes Dutzend deutscher Veranstalter überhaupt keine Prospekte mehr herstellt, sondern nur „Angebote" unterbreitet. Aber darüber an anderer Stelle mehr.

Wir wollen mit diesem Buch Basiswissen vermitteln und auch noch nie in einem Wohnmobil Gereiste motivieren, das „Abenteuer Wohnmobil" zu wagen.

Wir wollen falsche Vorstellungen ausräumen, die so oft zu Reklamationen führen, weil die Erwartungen nicht erfüllt werden, ja oft nicht erfüllt werden können. Die Reiseveranstalter beschweren sich immer wieder darüber, dass viele Urlauber die Prospekte nicht lesen oder durch die Fülle an Informationen verwirrt werden. Nur wer weiß, was er will und vor Reiseantritt erfährt, was er für sein Geld bekommen kann und was nicht, läuft weniger Gefahr, unzufrieden aus dem Urlaub zurückzukommen. So muss es auch nicht dazu kommen, dass eine Wohnmobilreise zu einem negativen Abenteuer wird.

Die Thematik ist vielschichtig; deshalb ist es nicht zu vermeiden, dass bestimmte Aspekte in verschiedenen Kapiteln behandelt werden. Das sind nicht Wiederholungen, die zum Aufblähen des Manuskripts dienen, sondern uns notwendig erscheinende Betrachtungen einer Sache oder eines Zusammenhangs aus unterschiedlichen Blickwinkeln.

Ingrid und Wolfgang Sauer

Nordamerika - warum per Wohnmobil?

*In Kanada auf dem Highway 99
kurz vor Lillooet (dg)*

Mobilität der Nordamerikaner: ein Anstoß

Die Nordamerikaner sind wegen der Notwendigkeit, einen riesigen Kontinent zu erforschen und zu besiedeln, weitaus mobiler geblieben als die Europäer. Berufliche Flexibilität ist in Nordamerika viel verbreiteter als in Europa. Was Wunder, dass es „drüben" für Menschen, die nicht immer am gleichen Ort wohnen wollen oder können, *Mobile Homes* gibt, Häuser, die man von einem Ort zum anderen versetzen kann. Oft begegnet man auf den Highways solchen ganzen oder halben Häusern, gezogen von großen Lkw, vor denen oft ein Wagen mit der Warnung *Wide Load* herfährt. Der Begriff *Mobile Home* darf nicht auf Fahrzeuge zu Urlaubszwecken angewandt werden, denn die heißen *RV* oder *Recreational Vehicles*, wörtlich übersetzt Freizeit- oder Erholungsmobile.

Erst nach dem Zweiten Weltkrieg begannen in Amerika die Campingfahrzeuge ihren Siegeszug: Da waren zuerst die Trailer, in denen die *Tin Can Tourists* reisten. Das war vielleicht weniger eine „Reiseform" als eine Ideologie: Komfort war ein Schimpfwort, die Camper sahen sich als Nomaden, die zumindest für eine kurze Zeit aus dem geregelten Alltag flohen.

Diese Entwicklung war nicht grundlegend anders als bei uns, nur wesentlich früher. Schon bald wurden die Caravans besser, die Firma Airstream baute stromlinienförmige Trailer mit einer Außenhaut aus Aluminium wie im Flugzeugbau. Und aus den gezogenen „Blechdosen" wurden selbstfahrende Apartments mit Komfort, ausgestattet mit allen Raffinessen wie eingebautem Fernseher, eingebauter Kaffeemaschine, Möbeln „antik" und Polstern „Marke Plüsch".

Die Mobilität findet ihren Ausdruck zwangsläufig auch in der Art, wie Nordamerikaner selbst Urlaub machen. Da sind einerseits die kurzen, aber erlebnisreichen Flüge in die Casinos der Glücksspiel-Hochburgen wie Las Vegas, Reno und dem aufstrebenden Laughlin in Nevada; Atlantic City, NJ und Dawson City, YT in der Tradition des Klondikegoldrauschs von 1898. Da sind andererseits die verlängerten Wochenenden, an denen viele Kanadier und Amerikaner mit ihren Campingfahrzeugen in die Berge oder an Flüsse und Seen fahren.

Wenn es Camper und Motorhomes nicht gäbe: Für Nordamerika müssten sie erfunden werden. Im Vergleich zu uns Europäern verbringen die Nordamerikaner ihren Urlaub in hohem Maße im eigenen Land, während der Anteil an den Auslandsreisen bei uns bei fast 70 % liegt (Tendenz seit 2006 allerdings fallend). Das ist aus zwei Gründen kein Wunder: Erstens haben die Kanadier und Amerikaner weitaus weniger bezahlten Urlaub als wir Europäer, und zweitens bietet der Halbkontinent so viele Landschaftsformen und touristische Attraktionen, dass die Urlauber das eigene Land gar nicht verlassen müssen.

Bei aller Attraktivität Nordamerikas: Nach neuesten Umfragen waren es 7 % der deutschen Urlauber, die Kanada und USA 2012 für eine Reise gewählt hatten. Als „besonders wichtig" für den Urlaub sehen die Befragten genau das an, was das Wohnmobil bietet (Auswahl):

▷   „keinen Stress haben, sich nicht unter Druck setzen lassen"   59 %
▷   „frei sein, Zeit haben"   54 %
▷   „frische Kraft tanken"   53 %
▷   „Natur erleben"   43 %
▷   „neue Kontakte"   25 %

Wer schon mit dem Wohnmobil in Nordamerika gereist ist, braucht kaum einen erneuten Anstoß für eine Wiederholung. Obwohl die Welt so groß ist und so viele Reize bietet, gibt es für Kanada und die USA einen hohen Anteil an Urlaubern, die nicht jährlich, aber von Zeit zu Zeit eine Wohnmobilreise unternehmen. Denn diese Art zu reisen und Land und Leute zu erleben, hat etwas Faszinierendes.

Rafting auf dem Thompson River/Kanada (dg)

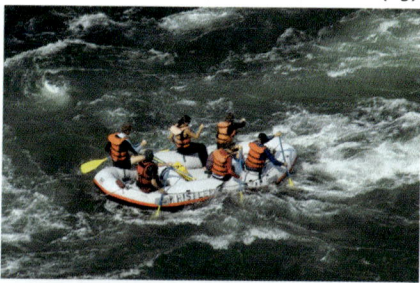

Und wer noch nie „drüben" war, sollte einmal ausprobieren, wie es ist, unabhängig, aber mit Komfort durch beeindruckende Landschaften zu bummeln, zu bleiben, wo es besonders schön ist, den Alltag zu vergessen und Dinge zu tun, die man noch nie getan hat: auf einem *Raft* genannten Schlauchboot durch Stromschnellen fahren; mit einem Kanu auf einen See hinauspaddeln; auf einer Ranch reiten; mit einem kleinen Flugzeug über Gletscher fliegen; einen Ausflug mit einer Dampfeisenbahn unternehmen; Indianerreservate besuchen und Türkisschmuck als Souvenir mit nach Hause nehmen.

All das ist während einer Wohnmobilreise für ein paar Stunden oder einen halben Tag möglich. Oder feiern Sie mit den Einheimischen die Feste, die allenthalben während der Urlaubssaison stattfinden. Doch seien Sie gewarnt: Die „Gefahr", dass Ihnen Kanada und die USA gut gefallen, ist riesengroß. Auch Sie könnten süchtig und zu „Wiederholungstätern" werden!

Klima - Landschaft - Menschen

Kanada und die USA sind zusammen 54mal so groß wie Deutschland oder doppelt so groß wie ganz Europa. Die beiden Länder haben eine Ausdehnung von 83°10' N (Cape Columbia auf Ellesmere Island - zum Vergleich: Spitzbergens Nordkap 83°30' N) bis 24°34' N (Key West in Florida - zum Vergleich: Akra Lithinon auf Kreta 34°55' N). In Nord-Süd-Richtung umfassen sie 10 der 12 Klimazonen von Tundra und Hochsteppe bis zum tropischen Regenwald (Knaurs Großer Weltatlas).

Was nicht vorkommt, ist das Inlandeis (wie in Grönland) und die tropische Savanne, die um den Äquator herum verbreitet ist. Es gibt in Nordamerika weitaus mehr Klimazonen als in Europa, dessen Klima durch den Golfstrom gemäßigt ist. Schon während einer einzigen Reise kann man die unterschiedlichsten Klimazonen und Landschaftsformen kennen lernen.

Gastfreundlichkeit und Hilfsbereitschaft der Nordamerikaner sind sprichwörtlich, selbst mangelnde Sprachkenntnisse bringen keine Probleme, denn Deutsch wird zwar nicht besonders häufig gesprochen, aber doch öfter verstanden, als man auf den ersten Blick erkennen mag. Da sind die ehemaligen Soldaten, die während ihrer Stationierung in unserem Land ein wenig deutsch gelernt haben; da sind viele ausgewanderte Deutsche, Österreicher und Schweizer, die ganz schnell ihr z.T. schon etwas rostig gewordenes Deutsch hervorholen.

Bei einer unserer ersten Reisen sind wir in West-Kanada zwei „älteren Herren" begegnet, deren Camper uns aufgefallen war, weil sie mit dem Finger in den Dreck auf der Karosserie nur ein Wort geschrieben hatten: „German". Diese sechs Buchstaben brachten den beiden knapp 70jährigen viele Kontakte mit Einheimischen, Gespräche über die besten Angelplätze für Pazifiklachs (davon haben auch wir zugegebenermaßen profitiert) und Empfehlungen besonders reizvoller *Campgrounds*. Ähnliches haben wir oft gehört, wenn am Wohnmobil eine Schweizer Flagge oder ein Wimpel mit den bayerischen Rauten angebracht war.

Wir haben Freunde, die eine Reise im Wohnmobil ablehnen, weil sie der Meinung sind, man könne in Motels und Hotels bei einer Mietwagen- oder Busreise mehr Menschen kennen lernen. Das glauben wir nicht, denn gerade auf dem Campingplatz ergeben sich viele Kontakte. Das beginnt bei der Anmeldung auf dem *Campground* - „Where are you folks from?" ist meistens die erste Frage; man hört sie bei vielen Gelegenheiten im Supermarkt oder in Museen, wenn jemand ein paar deutsch gesprochene Worte aufschnappt.

Wir leben in Deutschland ziemlich dicht aufeinander (229 Menschen je km^2 im Gegensatz zu Kanada mit drei und den USA mit 23,5 Menschen je km^2). Außerhalb der Ballungszentren ist der Unterschied noch ausgeprägter; der Staat Oregon ist ziemlich genau so groß wie die „alte" Bundesrepublik Deutschland (rund 250.000 km^2), dort leben aber nur etwa 3 Mio. Einwohner im Gegensatz zu etwa 62 Mio. im Deutschland des Jahres 1990. Da ist es vielleicht verständlich, wenn deutsche Urlauber zwar gern Einheimische kennen lernen möchten, nicht aber notwendigerweise Kontakt zu Landsleuten suchen. Das verstehen Kanadier und Amerikaner nicht, die, wenn sie Landsleute treffen, immer ein paar freundliche, unverbindliche Worte wechseln, ohne dass daraus eine Urlaubsbekanntschaft werden muss.

Dafür haben wir in Neuengland ein gutes Beispiel erlebt: Auf einem Campground in Massachusetts ist es üblich, dass die Besitzer am Wochenende im Herbst Heidelbeerpfannkuchen backen und die Gäste des Platzes zum Frühstück einladen. Als wir eincheckten und die Besitzerin unsere Nationalität erfuhr, erzählte sie uns eine Erfahrung, die sie sehr beschäftigt hatte:

An einem solchen Sonntag - der Platz war wenig besucht - kamen drei deutsche Ehepaare zum Frühstück, aber sie sprachen kein Wort miteinander, einfach so, ohne ersichtlichen Grund. Das war der Amerikanerin absolut unverständlich, und dafür wollte sie von uns eine Erklärung haben. Vielleicht treffen unsere obigen Anmerkungen zu, so jedenfalls haben wir zur Erklärung des Verhaltens argumentiert.

Was uns Europäern vielleicht fremd ist: Kanadier und Amerikaner stellen sich immer sofort vor, auch wenn sie schon nach wenigen Minuten wieder auseinandergehen. Wenn zwei aus derselben Stadt sich treffen, kommt es vor, dass einer sagt, „Wir sehen uns dann einmal zu Hause". Aber solche Einladungen sind nicht wörtlich zu nehmen, sie sind nur eine Floskel. Von Europäern wird das Verhalten der Nordamerikaner deshalb oft als oberflächlich empfunden, aber Freundlichkeit erleichtert den Umgang miteinander und verpflichtet zu nichts.

Das Entgegenkommen, die Freundlichkeit und die Offenheit sind die eine Seite der Medaille, die Distanz die andere. Wir haben es an dem für Urlauber vorgesehenen Gold-Claim am *Bonanza Creek* bei Dawson City erlebt, wo ein Vater seinen Jungen von der Grenze zum Nachbarclaim zurückpfiff, weil der *private property* war. Auch ohne Zaun um das Grundstück respektiert man die Privatsphäre. Man läuft auf dem Campground auch nicht über den Stellplatz eines anderen Gastes.

Wenn Sie sich auf die Art einstellen, wie Nordamerikaner miteinander umgehen, und Europa während des Urlaubs vergessen - es wird Ihnen nicht schwer fallen! -, dann werden Sie ein Menge positiver Erinnerungen mit nach Hause nehmen.

Naturwunder und Nationalparks: Yours to Discover

Der erste Nationalpark der Welt wurde 1873 in Wyoming eingerichtet: der Yellowstone National Park. Seit damals ist die Zahl der Natur- und sonstigen nationalen Schutzgebiete allein in den USA auf nahezu 400 gestiegen, inklusive der nationalen Gedenkstätten, historischen Plätze und Schlachtfelder. In Kanada sind es rund 40 Nationalparks, zu denen mehr als 100 historische Stätten kommen, die von Parks Canada ebenso verwaltet werden wie neun der zwölf *Unesco World Heritage Sites*.

Die Nationalparks werden ergänzt durch die staatlichen (*State Parks* in USA) oder Provinzparks (*Provincial Parks* in Kanada), ferner regionale Schutzgebiete, solche, die den Indianern gehören (z.B. das Monument Valley in Arizona/Utah) und die nationalen oder staatlichen Forste.

Gerade für Wohnmobilurlauber haben diese Einrichtungen viel zu bieten: *Campgrounds*, vielfach Duschen, *Sani Stations* oder *Dumping Stations*, *Amphitheater* für Dia- oder Filmvorführungen durch die Park Ranger, die gelegentlich auch Führungen anbieten.

USA

Was man in jedem einzelnen Naturschutzgebiet der USA erwarten kann, zeigt die Internetseite des National Park Service 🖳 www.nps.gov. Vor Ort erhalten Sie Informationen in den Infos der jeweiligen Parks.

Ein paar Anmerkungen sind nötig zur Erläuterung der unterschiedlichen Nationalparkbezeichnungen in den USA: Die Einrichtung eines *National Park* erfolgt auf Grund eines vom Kongress der Vereinigten Staaten beschlossenen Gesetzes. Im Gegensatz dazu kann der Präsident der USA per Dekret ein *National Monument* errichten; es unterscheidet sich in seinen landschaftlichen Schönheiten meist nicht von einem Nationalpark.

Mehrere als Monument etablierte Naturschutzgebiete wurden durch den Kongress im Nachhinein in Parks umgewandelt. Der *National Park Service* verwaltet knapp 400 Parks, Monumente, Landschaftsschutzgebiete, historische Stätten und sogar die New Yorker Freiheitsstatue.

In den USA gibt es Parks im weitesten Wortsinn, für die Gebühren in Höhe von **$ 12 bis $ 75** pro Person zu zahlen sind, (darin spiegelt sich wohl die unterschiedliche „Nachfrage" wider).

Seit Januar 2008 gibt es einen Pass, der für alle öffentlichen Freizeitein-richtungen inklusive Nationalparks gilt, er kostet US$ 80 und ist ein Jahr lang gültig. Er gilt für das Fahrzeug samt allen Insassen und ist nicht übertragbar. Alle anderen anfallenden Gebühren außer dem „Eintritt" (wie Camping, Schwimmen, Parken, Besichtigung usw.) sind nicht eingeschlossen.

♦   The National Parks and Federal Recreational Lands Pass Series:
        🖳 http://www.nps.gov/findapark/passes.htm

Der Golden Age Passport für Reisende über 62 Jahre gilt leider nur für Bürger der USA.

Vorbildlich ist die Einstellung der Kanadier und US-Amerikaner zu Behinderten: Da gibt es behindertengerechte Wanderwege, Waschräume und Toiletten für Rollstuhlfahrer sowie Rampen zum Ausgleich von Höhenunterschieden. Kein Einheimischer würde sich widerrechtlich auf einen für Behinderte vorgesehenen Parkplatz stellen. Behinderte Amerikaner erhalten ohne Rücksicht auf das Alter in den US-National Parks lebenslang freien Eintritt mit dem *Access Pass.*

Probleme gibt es auch - sie sollen nicht verschwiegen werden: Einige der bekannteren Parks, noch dazu, wenn sie in der Nähe großer Städte liegen (Yosemite als Musterbeispiel), werden „zu Tode geliebt", sodass in den Hauptzeiten schon Aufenthaltsbeschränkungen verordnet werden mussten.

Campground-Reservierungen in US-National Parks

Reservierung sind möglich per Internet 🖥 www.recreation.gov bzw. www.reserveamerica.com oder ☎ 1-877-444-6777 innerhalb der Vereinigten Staaten oder ☎ 18-885-3639 International.

♦ Das Reservierungsbüro (Call Center) ist täglich von 10:00 bis 22:00 Eastern Time erreichbar, aus anderen Zeitzonen entsprechend früher oder später.

Wo immer Sie ein *Visitor Center des National Park Service* sehen, sollten Sie sich Informationen über die Sehenswürdigkeiten und Besonderheiten wie Naturlehrpfade und Führungen für Touristen holen. Es gibt sehr häufig gut gemachte Ausstellungen und Broschüren über Geologie, Geschichte, Tiere und Pflanzen der Region.

Bei aller „Freiheit" gibt es aber auch Vorschriften, deren Einhaltung notfalls mit Strafandrohung durchgesetzt wird: Es ist verboten, Blumen zu pflücken, Steine oder Fossilien zu sammeln und Tiere zu füttern. Hunde sind an der Leine zu führen.

Kanada

Die neueste Internet-Liste von *Parks Canada* weist 44 *National Parks* und 167 *National Historic Sites* auf. Viele davon liegen in Gebieten, die Wohnmobilurlauber nur selten oder nie besuchen. Die Darstellung ist aufwendig, enthält aber u.a. die Eintritts- und Campgroundgebühren, ferner die Gebühren für Angel-Lizenzen und Brennholz.

⌨   www.pc.gc.ca/progs/lhn-nhs/index_E.asp

Eintrittspreise je Erwachsenen beispielsweise:

◆   ab etwa $ 6/Tag/Person. Wenn Sie sich länger in Parks aufhalten möchten, können Sie auch einen Jahrespass für ca. $ 68/Person, bzw. $ 140/Familie/Gruppe erwerben. Er gilt zurzeit in 27 Nationalparks in ganz Kanada.

◆   Senioren ab 65 Jahren zahlen einen Dollar weniger, Jugendliche von 6 bis 16 Jahren die Hälfte des Erwachsenenpreises, Kinder unter sechs Jahren sind frei.

◆   **Campgrounds** gibt es in allen Parks, in den häufiger besuchten sogar mit *Facilities: Hook-ups* für Wasser, Abwasser und Strom sind vorhanden. Die Preise liegen bei **$ 12 bis $ 55** in den overflow areas deutlich niedriger. Die meisten Campgrounds haben aber überhaupt keine Anschlussmöglichkeiten.

◆   Angel-Lizenzen kosten für Touristen für acht Tage $ 58,05, Jugendliche unter 18 benötigen keine Lizenz, wenn sie von Erwachsenen begleitet werden, die eine besitzen. Der Fang wird in diesem Fall beim Erwachsenen dazu gerechnet

◆   **Brennholz** für das Lagerfeuer kostet seit einiger Zeit auch Geld, meistens $ 6 pro Nacht.

Tiere und der Umgang mit ihnen

Da in den Naturparks die Jagd grundsätzlich verboten ist, kann man besonders dort Tiere in freier Wildbahn beobachten, die sonst nur in Zoos zu sehen sind. Wir haben es erlebt, dass **Koyoten** zwischen den Wohnmobilen herumspazierten und wurden mehr als einmal geweckt, wenn morgens der **Bär** über den Platz lief und die Wohnmobilisten in Fotohektik verfielen. Dass man dabei manches lohnende Foto der Urlauber im Nachtgewand verpasste, versteht sich.

Es hätte sich wahrscheinlich im Fotoalbum genauso gut gemacht wie das Foto vom Bären, der leere Picknicktische abschnupperte, sich in einer Pfütze auf dem Fahrweg suhlte oder kopfüber auf Futtersuche in einer der hängenden Mülltonnen schaukelte.

In den kanadischen Rocky Mountains kann man dem selten gewordenen
Puma oder *Cougar* in freier Wildbahn begegnen. Im Yellowstone NP sind
1995 wieder Wölfe angesiedelt worden.

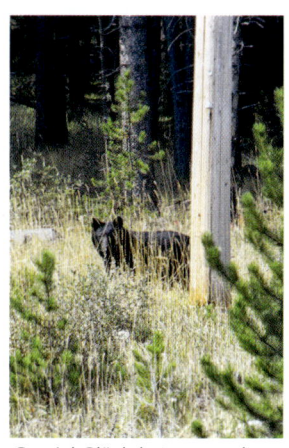

„Normale", d.h. nicht vom Menschen
durch Füttern verdorbene **Bären**, sind
kaum gefährlich, weil sie mit ihrer empfindlichen Nase den Menschen von weitem wittern und ihm aus dem Weg gehen.
Das tut aber eine Bärenmutter bestimmt
nicht, wenn sie Junge führt und die in
Gefahr sieht, dann z.B., wenn sich der
Mensch zwischen Mutter und Kind begibt.

Auf richtiges Verhalten weisen Informationsbroschüren hin, die in den National- und Provinz-/Staats-Parks ausgegeben
werden: „**You are in Bear Country**". Darin
erfährt der Urlauber auch, dass ein Bach
oder Fluss für den Bären kein Hindernis ist
und keine Sicherheit gewährt.

*So viel Glück hat man selten:
ein Schwarzbär am
Bow Valley Parkway (dg)*

Schwarzbären können, im Gegensatz
zu Braunbären (*Grizzlies*), auch auf Bäume klettern. Besonders die jungen
Bären suchen, wenn sie sich in Gefahr wähnen, oft auf Bäumen Zuflucht.

Viele Bären haben wir auch außerhalb der Parks gesehen, beispielsweise
wenn sich ein Baumstumpf am Straßenrand plötzlich in Bewegung setzte. Wo
es Lachs zu fischen gibt, sind Bären nie weit, z.B. am Salmon River - nomen
est omen - oder dem Fish Creek bei Stewart, BC und Hyder, AK. In den
Rocky Mountains kann man mit etwas Glück bei Wanderungen *Mountain
Goats* (Verwandte der Gemsen) und Bighornschafe beobachten, in Wyoming
und Montana Antilopen, in Alaska versammeln sich zum Ende der Lachssaison unzählige Weißkopf-Seeadler (*Bald Eagle* = Wappentier der USA)
bei Haines, wo sie zumindest einen Teil der Lachskadaver nach dem Laichen

beseitigen. Und sogar Elche äsen gelegentlich in einem flachen See neben dem Highway oder streichen durch das Unterholz nahe einem Campground.

Die Eichhörnchen in Kanada finden jeden Leckerbissen (dg)

☝ Es ist grundsätzlich verboten, Tiere zu füttern. Daran sollten Sie sich halten, auch wenn's schwer fällt. Erstens könnte es Ihnen eine Geldstrafe ersparen, zweitens ist es im Sinn des Überlebens der Tiere, dass sie **nicht** gefüttert werden. Das mag auf den ersten Blick nicht logisch erscheinen, ist es aber doch, denn durch das Füttern werden die Tiere ihrer natürlichen Nahrungssuche entwöhnt. Sie verlieren ihre natürliche Scheu, werden vom Menschen abhängig und so in die Nähe der Straßen gelockt, wo viele Tiere umkommen.

Tiere, die sich an die bequeme Versorgung gewöhnt haben, werden lästig, wenn der Nachschub ausbleibt. Solange das nur Waschbären (*Raccoons*) im Stanley Park von Vancouver sind, kann nicht viel passieren. Wenn aber ein Bär Futter mit dem Menschen in Verbindung bringt und „enttäuscht" wird, kann er zur Gefahr werden. Solche Bären haben den unschönen Namen *Garbage Bear* erhalten; häufig müssen sie als Folge der menschlichen Gedanken- und Rücksichtslosigkeit erschossen werden.

Es gibt noch ein gutes Argument gegen das Füttern wilder Tiere: Sie können Krankheiten haben, die beim Füttern auf den Menschen übertragen werden und bei ihm schlimme Folgen auslösen.

Noch ein paar Worte zu Tieren, die in der Wüste im Südwesten der USA zu einer Gefahr werden können. Da gibt es Schlangen (z.B. *Rattlesnake*, *Sidewinder*), Skorpione, Spinnen (u.a. die *Black Widow* und die Tarantel/Vogelspinne), Ameisen, Wespen, Bienen, Hornissen, Käfer, Geckos und Eidechsen, unter denen das *Gila Monster* die gefährlichste ist. Mit der gebotenen Vorsicht, schützender Kleidung (lange Hosen, feste Schuhe!) und bei längerem Aufenthalt und Wanderungen abseits der vorbereiteten Wege evtl. einem *Snakebite kit* (Schlangenbiss-Set) sollte man die Wüste ohne Probleme genießen können. Es ist sicher kein Fehler, sich mit der Lebensweise gefährlicher Wüstenbewohner vertraut zu machen.

Gibt es Argumente gegen eine Wohnmobilreise?

Allgemeines

Der Urlaub ist eine wichtige Zeit des Jahres, denn er dient der Regeneration der Arbeitskraft, bringt die Familie zusammen, schafft Kontakte und Begegnungen, die für viele Urlauber eine große Bedeutung haben, und liefert Gesprächsstoff, manchmal auch Prestige. Für all das hier Genannte bietet das Wohnmobil einen guten Rahmen:

Die Freiheit der Reisegestaltung ist allein schon ein Wert, denn man braucht auf fremde Reiseteilnehmer keine Rücksicht zu nehmen, wie es bei Gruppenreisen unbedingt notwendig ist. Planung ist sinnvoll, aber sie darf nicht starr sein nach dem Motto „Wir müssen weiter, sonst stimmt unser Programm nicht mehr". Es gibt nur wenige wichtige Daten bei einer Wohnmobilreise: den Übernahmetag, den Rückgabetag und evtl. eine im Voraus gebuchte Fährpassage.

Dazwischen sollte man sich treiben lassen, die Natur genießen und bleiben, wo es besonders schön ist. Dass man diese Unabhängigkeit zum Teil aufgibt, wenn man mit Freunden oder Verwandten in einem oder mehreren Wohnmobilen reist oder gar ein Fahrzeug aus einer von einem Reiseveranstalter organisierten Wohnmobilgruppenreise bucht, sollte man vor der Buchung bedenken und kritisch gegen die Vorteile einer unabhängigen Reise abwägen.

Ein Vorteil des Wohnmobils ist also die Unabhängigkeit von Mitreisenden, Reiseleitern, Programmen. Ein anderer nicht zu unterschätzender Vorteil ist, dass man direkt in den National- und Naturparks übernachtet. Es gibt dort nur wenige Hotels oder Motels und wenn, dann liegen sie oft gar nicht in, sondern **vor** den Parks. Wenn man sein Abendessen auf dem Lagerfeuer zubereitet, werden Jugendträume oder -erinnerungen wahr. Der Ruf des *Loon* (Eistaucher), das faszinierende Nordlicht oder das Heulen der Wölfe in einer Vollmondnacht - wer könnte sich dem verschließen?

Dennoch werden Argumente gegen einen Urlaub mit dem Wohnmobil vorgebracht, die wir einer kritischen Betrachtung unterziehen wollen.

„Eine Frau kann das nicht"

Wer einen Pkw fahren kann, braucht sich vor einem Wohnmobil nicht zu fürchten. Und besonders das Argument, als Frau könne man sich einen Wohnmobilurlaub nicht zumuten, lässt sich nicht halten. Wir haben häufiger Frauen getroffen, die in einer angeblichen Männerdomäne ohne Männer Urlaub machten und ihn offensichtlich genossen.

Objektiv lassen sich für Frauen keine Nachteile gegenüber Männern nachweisen, wenn es um die Handhabung eines Wohnmobils geht, denn auf Kraft kommt es nicht an; Lenkung und Bremsen sind durch Hydraulik unterstützt, und zum „Basteln" am Fahrzeug gibt es nicht nur keinen Anlass, solche Betätigungen sind unerwünscht und von den Vermietern untersagt.

Viele Frauen in USA und Kanada leiten Vermietstationen als Manager oder sind an den Vermietunternehmen als tätige Gesellschafter beteiligt. Und die von Frauen geleiteten Stationen gehören zu den besten in Nordamerika! Die „Frauenquote" dürfte bei etwa einem Drittel liegen, und das in einem von viel „Technik" geprägten Geschäft!

Wir wollen den Zweiflern und Zauderern in der Damenwelt einen Denkanstoß geben, etwaige Vorurteile gegen einen Wohnmobilurlaub einer (selbst-)kritischen Analyse zu unterziehen. Umgekehrt sind die Männer angesprochen, sich auf ein wenig Mitwirkung bei der „Hausarbeit" einzustellen, denn der Wohnmobilurlaub soll ja nicht die Fortsetzung des Hausfrauenalltags in einer fahrbaren Ferienwohnung sein.

„Wir warten, bis die Kinder groß sind"

Martin war fünf Jahre alt, als wir unsere erste Reise mit einem Camper durch Kanada und die USA unternahmen. Beim zweiten Mal war er sechs, dann sieben Jahre alt. Einige Bedenken im Bekanntenkreis waren jedes Jahr die gleichen: „Amerika, wie schön. Aber mit einem Kind in **dem** Alter? Ist das nicht zu anstrengend, für das Kind langweilig und unzumutbar? Das möchten wir erst machen, wenn unsere Kinder älter sind und auch etwas davon haben".

Zugegeben, für eine Familie mit Kindern schlägt eine Reise nach Nordamerika schon kräftig zu Buche, denn Kinder müssen den Flugpreis für Erwachsene zahlen, sobald sie zwölf Jahre alt sind. Wir wissen aber von vielen Familien, für deren Kinder das „Abenteuer Wohnmobil" ein ganz großes Erlebnis war. Mit dem Vater am Lagerfeuer sitzen, Kanu fahren, auf einer Ranch reiten, Indianerreservate besuchen, nicht zuletzt die zahlreichen Vergnügungsparks, die Wal- und Delphinbeobachtungen in Aquarien oder auf dem Meer können für Kinder wichtig und wertvoll sein.

Außer dem Flug „kosten" die Kinder nicht viel, denn der Wohnmobilpreis gilt unabhängig von der Belegung, und dass gerade Kinder unterschiedlicher Länder und Sprachen miteinander überhaupt keine Probleme haben, wurde uns über den eigenen Augenschein hinaus immer wieder bestätigt.

Gemeinsam am Lagerfeuer - Camping ist etwas für die ganze Familie
(🖾 www.fraserway.com)

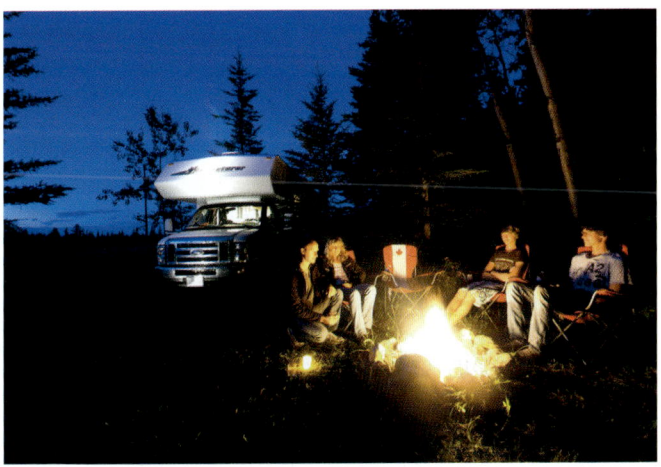

„Zu alt für eine Wohnmobilreise"

Immer wieder kann man feststellen, dass das Alter als Argument herhalten muss, wenn die Entscheidung gegen einen Urlaub im Wohnmobil fällt. Da wir selbst zur „älteren Generation" gehören, können wir zu diesem Thema kompetent Stellung nehmen.

Auch wer noch nie Wohnmobil gefahren ist, kann sich als älterer Mensch einen erholsamen und unabhängigen Urlaub gönnen, denn außer Krankheit und dem Fehlen eines Pkw-Führerscheins spricht nichts dagegen.

Es ist sogar im Wohnmobil in mancher Hinsicht leichter und angenehmer zu reisen als bei jeder anderen Reiseform, dann beispielsweise, wenn man eine bestimmte Diät einhalten muss. Die Diät- oder Naturkostabteilungen in den Supermärkten sind gut bestückt, sodass man sich im Wohnmobil genauso wie zu Hause verpflegen kann.

Wir sind der festen Ansicht, dass ein Wohnmobil gerade den Bedürfnissen älterer Menschen gerecht werden kann - solange sie sich das „Abenteuer" zutrauen. Denn wo sonst kann man während der Reise im eigenen Bett einen Mittagsschlaf halten? Wo sonst, wenn man müde wird, einen *Wolf nap* (kurzes Nickerchen) machen, ohne dass man die Schönheiten der Landschaft verpasst?

Vor dem „Omnibus" braucht niemand Angst zu haben: Wohnmobile sind leicht zu fahren und erfordern keine Vorbereitung in Body-Building-Kursen. Und es sind gerade die „alten" Einheimischen, die in den größten Wohnmobilen monatelang in Nordamerika unterwegs sind. Für sie gibt es eine recht schöne Bezeichnung: Die *Snow birds* entfliehen dem Schnee im Norden, fahren durch den strahlend bunten *Indian Summer* (Altweibersommer) in den warmen Süden und kehren mit den Vögeln nach Norden zurück, wenn es dort wieder wärmer ist.

Die Freiheit des Campers

Wohnmobile sind *Self-contained* zumindest für ein paar Tage zwischen zwei Besuchen an den Stationen zur Ver- und Entsorgung. Sie sind jederzeit „funktionstüchtig", auch wenn alle paar Tage Tanks geleert und gefüllt werden müssen. Dafür ist der Aufwand gering und ohne weiteres zu rechtfertigen mit dem Gewinn an Unabhängigkeit des Reisens.

„Die Kisten schlucken zu viel Benzin"

Manchmal hört man gegen eine Wohnmobilreise in Nordamerika das Argument, die Fahrzeuge verbrauchten zu viel Benzin und schädigten die Umwelt. Letzteres gilt für alle Kraftfahrzeuge einschließlich des eigenen. Verbesserungen sind sowohl beim Treibstoff als auch bei den Motoren umgesetzt worden, und da ist die Entwicklung noch längst nicht abgeschlossen.

Natur und Umwelt

Bei unseren Reisen haben wir leider sehr häufig eine Diskrepanz zwischen den offiziellen Forderungen nach Schutz der Umwelt und dem tatsächlichen Verhalten kennen gelernt:

Da wird großer Wert auf saubere Straßen (mit der Androhung von Strafen bis zu $ 2.000) gelegt ...

... da „adoptieren" Organisationen wie Lions Club oder Kiwanis ein paar Meilen Highway und sorgen für deren Sauberhaltung ...

... da haben inzwischen auch viele Hotels begriffen, dass der Strom zwar aus der Steckdose kommt, aber Geld kostet: Sie empfehlen den Gästen, während ihrer Abwesenheit das Licht auszuschalten - früher eine undenkbare Forderung ...

... da fordern Schilder in den Parks: *Take nothing but pictures, leave nothing but footprints* ...

Gleichzeitig aber trinken fast alle Nordamerikaner ihr Bier aus Aluminiumdosen, die keineswegs im Ruf stehen, gut für die Umwelt zu sein ...

Motoren von Fahrzeugen aller Art laufen grundlos im Leerlauf, als wäre das Geräusch Musik in den Ohren, das Abgas ein Wohlgeruch und die Kosten eine Ausgabe für wohltätige Zwecke. Wir haben uns oft darüber geärgert und auch schon die Fahrer angesprochen. Sie fanden nichts dabei, wenn der Motor lief und stank, manchmal eine dreiviertel Stunde am Stück. Sie verstanden unsere Frage überhaupt nicht ...

Eine ähnliche Diskrepanz gibt es auch in der Einstellung zum Wald und zum Umgang mit ihm. Auf der einen Seite trägt die Forst-Industrie, z.B. auf Vancouver Island, gut klingende Argumente für die Kahlschläge großer Flächen

(*Clear cuts*) vor, auf der anderen Seite kämpfen Greenpeace und andere Umweltschützer dagegen und machen sich nicht nur in Kanada, sondern auch in Europa für ihre Argumente stark.

Die Einstellung zum Wald hat sich in den letzten Jahrzehnten gewandelt; Waldbrände werden als natürliche Ereignisse angesehen, die nicht nur zur Verjüngung des Baumbestands beitragen, sondern auch der Tierwelt neuen Lebensraum schaffen.

Während wir es gewohnt sind, den Müll zu trennen und Flaschen nach der Farbe des Glases in Containern zu entsorgen, trennt man in Nordamerika den Müll weitaus weniger. Glas und Aludosen werden auf Campgrounds, wenn überhaupt, oft im gleichen Behälter gesammelt, sonst wandert aller Müll in dieselben Container.

Do not litter kann man oft lesen, auch den Hinweis, dass man bei Wanderungen alles wieder aus der Natur zurückbringen soll, und diese Empfehlungen werden in den Nationalparks auch weitgehend befolgt. Aber trotz aller Hinweise und Schilder scheint uns Nordamerika noch viel für die Umwelt tun zu können. Anfänge sind aber schon gemacht.

Wer sich an gewisse Regeln zum Umweltschutz hält, kann in der freien Natur wunderbare Stellplätze finden (⚬ www.fraserway.com)

**Wir stellen vor:
die rollende Ferienwohnung**

Einführung

Camper, und *Motorhomes* sind mobile Ferienwohnungen, komfortable Appartements auf Rädern. Sie sind ausgestattet mit allem, was Unabhängigkeit und Bequemlichkeit garantiert und genau die richtigen Fahrzeuge für jeden, der die Weite des nordamerikanischen Kontinents im wahrsten Wortsinn „erfahren" und erleben will. Wohnmobile passen gut zu einem naturnahen Urlaub. Auch wenn Sie dies schon einmal gehört oder gelesen haben: Besser können wir es nicht formulieren.

Das Angebot der deutschen Reiseveranstalter ist vielfältig; die Wohnmobiltypen reichen vom Geländewagen mit Schlafmöglichkeit bis zum luxuriösen 11-Meter-Bus mit allen Schikanen. In der Darstellung der Wohnmobile in den Prospekten gibt es Unterschiede, die manchmal verwirrend sein können. Wir versuchen deshalb, die Fahrzeuge zu kategorisieren und eine Übersicht zu erstellen, die auf die wesentlichen Merkmale der einzelnen Kategorien abstellt.

Wir gehen bei der Beschreibung der Wohnmobile vom Grundsätzlichen aus. Es spielt für uns keine Rolle, ob die Küchenzeile links oder rechts ist, das WC vorn oder hinten. Sie sollten sich als Mieter auch nicht auf die in den Veranstalterprospekten oder in diesem Buch abgedruckten Grundrisse versteifen, denn sie sind - und das steht auch in allen Ausschreibungen - „typisch", aber nicht verbindlich. Nur dann, wenn ein Vermieter von einem bestimmten Wohnmobiltyp nur eine einzige Auslegung, produziert im gleichen Jahr, in seiner Flotte hätte, wäre das möglich. Aber das ist so selten der Fall, dass man diesen Aspekt vergessen kann.

Die meisten Vermieter kaufen Fahrzeuge unterschiedlicher Hersteller in den verschiedensten Auslegungen, manchmal, wenn ein Fahrzeug dringend gebraucht wird, auch in einer Auslegung, die für das Mietgeschäft weniger sinnvoll ist als für den Verkauf an Einheimische. Darin liegt ein besonderes Problem: Für Mieter geeignete Auslegungen müssen nicht mit denen übereinstimmen, die sich kanadische oder amerikanische Käufer wünschen, und hier muss der Vermieter Kompromisse machen. Denn je besser er die Fahrzeuge nach der Saison gebraucht verkaufen kann, desto eher kann er für die nächste Saison neue Fahrzeuge in die Flotte nehmen. Deshalb gibt es, obwohl das im Vermietgeschäft eigentlich sinnvoll wäre, in Nordamerika fast keine Wohnmobile mit Dieselmotor. Dies soll sich allerdings 2014/2015 ändern, da Ford beabsichtigt, Dieselfahrzeuge zu bauen.

Die Hersteller von Wohnmobilen in Kanada und den USA zeigen beim Bau der Fahrzeuge die gleiche Grundhaltung wie beim Hausbau: Es wird nicht für die Ewigkeit produziert. Da werden Leitungen für Wasser und Gas oder die flexiblen Schläuche für die Warmluftheizung großzügig durch die Schränke geführt, manchmal kaum verkleidet, und hinter vielfach zu kurz geratenen Schubladen wird Raum verschwendet, weil es vielleicht die Schubladen gerade nur in einer Größe konfektioniert gibt. Vieles wirkt für „pingelige" Europäer wie mit der heißen Nadel gestrickt. Was haben wir nicht alles gefunden, wenn einmal etwas von einem Schrankboden abgerutscht war, weil der Hersteller den vorhandenen Spalt schlicht in Kauf genommen hatte!

Diese Medaille hat aber auch noch eine andere Seite: Es kommt den Nordamerikanern zwar auf Sicherheit, aber nicht auf letzte Perfektion an, die das Produkt beträchtlich verteuern würde, sondern auf ein gutes Produkt zu einem guten Preis. Wenn man mit dem gegebenen Raum nicht auskommt, dann macht man das Wohnmobil einfach ein bisschen länger. Es muss nicht gespart werden, solange Benzin preiswert ist. Es muss kein Qualitätsstandard zugrunde gelegt werden, bei dem sich die Produkte nicht verkaufen lassen. Und was nicht verkauft werden kann, steht auch nicht zur Miete zur Verfügung.

Wenn Sie Eigentümer eines europäischen Wohnmobils sind, sollten Sie sich davor hüten, bestimmte Dinge vorauszusetzen, die Ihnen im eigenen Fahrzeug wichtig sind, die aber der Vermieter für das Mietgeschäft als wenig sinnvoll oder störend empfindet. Vor allen Dingen diskutieren die Angestellten des Vermieters nicht gern über Dinge, auf die sie keinen Einfluss haben und von denen sie vielleicht auch zu wenig wissen.

Wir haben es immer wieder erlebt, dass sich europäische Urlauber mit dem Personal an der Vermietstation gestritten haben, manchmal zu Recht unter Berufung auf den Prospekt des Reiseveranstalters, aus dem sie das Wohnmobil gebucht hatten - aber dafür ist der Vermieter nicht zuständig. Unstimmigkeiten, die sich aus der Ausschreibung des Veranstalters ergeben, sind mit diesem nach der Rückkehr aus dem Urlaub zu klären.

Die verschiedenen Wohnmobilkategorien

Außer der Typbezeichnung oder Fahrzeugkategorie spielt die Länge der Wohnmobile eine Rolle. Bei gleichem Grundriss können zwei Fahrzeuge unterschiedlich lang sein, wenn sie Chassis von verschiedenen Herstellern haben. Deshalb sollten Sie die Fahrzeuglänge nur zur Orientierung benutzen. Ein Fuß länger oder kürzer ist, wenn sonst alles übereinstimmt, nicht entscheidend. Die Wohnmobillänge wird von den Herstellern oder Vermietern oft in die Typenbezeichnung aufgenommen, z.B. RV22 (22 ft = 6,70 m) oder TC19 (19 ft = 5,80 m). Uns kommt es vorrangig auf den Komfort und die Schlafmöglichkeiten an. Fahrzeuge unterschiedlicher Länge fallen in dieselbe Kategorie, wenn sie die gleiche Zahl vergleichbarer Betten haben.

Gemäß ihrer Bauart kann man verschiedene Wohnmobilkategorien unterscheiden; wir gehen von den größten Modellen zu den kleinsten. Das hat den Vorteil, dass die bei den großen Wohnmobilen üblichen Ausrüstungen zu Beginn vorgestellt werden können, während die kleineren Typen in der Ausstattung bescheidener (manchmal spartanisch) sind.

In der Übersicht nennen wir die typischen Merkmale innerhalb einer Kategorie nach den Kriterien für

▷   **Bus Conversion** oder **Diesel Pusher**
▷   **Class A ohne Alkoven** Bus-ähnlich 30ft - 45ft Extra Large,
▷   **Class C 26ft -32ft immer mit Alkoven** für Large,
▷   **Class C 21ft - 25ft immer mit Alkoven** für Medium,
▷   **S Class B (19ft - 21ft Selfcontainer)** für Small
▷   und **Conversion Vans** und **Vans** für Extra Small.
▷   Es gibt auch noch **Folding trailer** and **Fifth wheels**

Einzelheiten beschreiben wir im nächsten Kapitel.

Die Bezeichnung der Wohnmobile in den Prospekten der Reiseveranstalter richtet sich nach den Typbezeichnungen der Hersteller. **Es werden grundsätzlich alle Wohnmobile in Typen eingeteilt**

▷   **A CLASS**
▷   **B CLASS**

▷ **C CLASS**
▷ **Folding trailer**
▷ **Truck Camper**

Innerhalb jeder Fahrzeugkategorie sind die Wohnmobile unterschiedlich groß und unterschiedlich ausgestattet, was z.T. miteinander zusammenhängt. Auch hierbei benutzen wir, abweichend von den Ausschreibungen der Vermieter und Veranstalter, unsere eigene Terminologie. So können Sie mit Hilfe der Übersicht gut erkennen, was typisch ist und was gelegentlich als Alternative vorkommt. Das soll Ihnen die Auswahl erleichtern, wenn Sie eine Reise vorbereiten.

Sog. *Slide Outs*, hydraulisch fährt ein Teil einer Seitenwand nach außen, wenn Sie am Platz angekommen sind, gibt es inzwischen in fast allen Kategorien, sogar im Pick Up. Sie erweitern das Platzangebot im Wagen ganz erheblich.

Motorhomes: Class C

Wohnmobile, die mit einem Alkoven ausgestattet sind, gelten als der Wohnmobiltyp schlechthin. Durch ihre optimale Raumausnutzung erklärt sich die Beliebtheit der Alkovenfahrzeuge, die mit ihrem typischen Bettvorbau über dem Fahrerhaus auf Piktogrammen, Verkehrsschildern und dergleichen als Synonym für ein Wohnmobil im Allgemeinen verwendet werden.

Ein Vorteil ist neben der hohen Raumausnutzung die Winterfestigkeit, da das nicht wärmeisolierte Fahrerhaus vom isolierten Wohnraum abgetrennt werden kann.

Das Chassis, das die „Wohnung" trägt, ist ein Lkw-Chassis mit Zwillingsrädern hinten. Bus-ähnliche Modelle des Typs **Class A** und Alkovenmodelle des Typs **Class C** mit Schlafkabine über dem Fahrerhaus können gleich lang sein, haben aber eine unterschiedliche Auslegung im Inneren. Im Fahrerhaus können bei den Typen **Class C** und **Class A** immer nur zwei Personen sitzen.

Bei diesen Typen gibt es einen Durchgang zwischen der Fahrerkabine und dem Wohnteil. Die Länge des Fahrzeugs wird „über alles" angegeben, also inklusive Reserverad (meist hinten) und Stoßstange(n). Der Motorblock ragt in das Fahrerhaus herein.

Während der Typ **Class A** oder **Diesel Pusher** von vorn bis hinten einen vom Lkw unabhängigen Aufbau hat, erkennbar an den oft riesigen, „um die Ecke" gehenden Frontscheiben, ist beim Typ **Class C** der Alkoven mit dem Fahrerhaus fest verbunden, und nach hinten schließt das „Wohnzimmer" an.

Zum Vergleich: Beim **Fifth Wheel** bleibt der Truck unverändert, und auch beim **Pickup Camper** bleibt das Fahrerhaus des Pritschen-Lkw vollkommen erhalten, es hat auch keine Verbindung zum Alkoven, nicht einmal stützende Funktion.

Die **Class A Wohnmobile** (bei uns in Europa auch „Integrierte" genannt) haben in der Regel nur eine Tür; sie führt in den Wohnbereich und liegt wie alle derartigen Türen auf der Beifahrerseite. Gelegentlich sieht man Fahrzeuge mit einer zusätzlichen Tür für den Fahrer, aber das ist nicht Standard. Im Gegensatz dazu haben die **Class C** -Typen außer der Tür zum Wohnbereich je eine Tür für Fahrer und Beifahrer.

Die **Class C**-Typen haben, je größer sie sind, ein überhängendes Heck, das von den Rädern nach hinten ein wenig ansteigt, damit es nicht auf der Straße aufsetzen kann. Diese Gefahr ist bei Einfahrten zu Parkplätzen und Tankstellen gegeben, wenn eine Senke zu überwinden ist. Sie ist besonders groß bei der Auffahrt auf Fähren, mit denen man z.B. in Kanada (oft kostenlos) Flüsse oder Seen überqueren kann. Die unter dem Fahrzeug angebrachten Rohrleitungen und der Auslassstutzen für Abwasser können bei Bodenkontakt abreißen. Schäden in diesem Bereich gehen zu Lasten des Mieters, die Haftungsgrenze bei der Kaskoversicherung entfällt.

Kategorie: Class A

Die im Jahr **2012** angebotenen Modelle **Class A** unterscheiden sich wesentlich weniger von Vermieter zu Vermieter. Wir brauchen deshalb nicht so viele Untergruppen zu bilden. Allen gemeinsam sind die *Dinette* = Sitzgruppe und das Sofa. Ein Alkovenbett gibt es nicht bei Class A Modellen.

Wir sprechen im Folgenden von einem *Double*, wenn das Doppelbett mit einer Längsseite an der Rück- oder Seitenwand des Wohnmobils steht, also nur von einer Seite zugänglich ist. Unter einem *Twin* verstehen wir ein Doppelbett, das im Heck des Wohnmobils mit der Schmalseite an Rück- oder Seitenwand des Wohnmobils steht und von beiden Seiten zugänglich ist. Auf die Breite des Doppelbetts kommt es uns nicht an. Folgende Auslegungen sind möglich:

Typisches Class-A-Mobil (fn)

Mögliche Grundrisse der Class A: Oben am Tag, unten bei Nacht

Typ	Gesamt-Länge	zusätzliche Betten	Sessel
Class A	30ft bis 35ft	Twin	I oder 2
Class A	35ft bis 45ft	Twin oder Sofa	I oder 2
Alle inkl. Sofa			

Die umgebaute Dinette ist in der Regel größer als das Sofa aber nicht so groß wie das Doppelbett. Zur Vergrößerung des Innenraums kann ein Teil des Wohnmobils etwa einen halben Meter über die normale Breite hinaus gleiten (*Slide out*) - mit Hydraulik, versteht sich. So etwas hat man früher nur bei den privat genutzten großen *Fifth Wheels* gesehen, die die meiste Zeit auf Campingplätzen oder in Trailer Parks standen. Inzwischen hat die Komfortwelle auch die Miet-Wohnmobile erreicht.

Kategorie Class C

Allen Typen gemeinsam sind: Breite etwa 8 ft = 2,40 - 2,50 m, **Alkovenbett** und Dinette (Sitzgruppe).

Zur weiteren Unterscheidung dienen die Schlafstellen und Komforteinrichtungen wie Sessel. Die Größe variiert von 21 (6,40 m) bis 37 Fuß (11,75 m) zum Teil mit Slide Out.

So kann es in einem 21ft-Modell aussehen (fn)

Typ	Gesamt-Länge	zusätzliche Betten	Sessel
Class C	21ft - 22ft	-	-
Class C	24ft - 25ft	-	1
Class C	26ft - 29ft	Sofa	1
Class C	30ft - 37ft	Sofa	1

Ein Class C 21ft (fn)

Grundrisse Class C 21ft: oben am Tag, unten bei Nacht

Ein Class C 27ft mit Slide Out (fn)

Grundriss Class C 27ft: oben am Tag, unten bei Nacht

*Blick in ein nagelneues 27ft-Modell mit ausgefahrenem Slide Out
oben aus der Fahrerkabine Richtung Bett, unten umgekehrt (fn)*

Fifth Wheel

Als *Fifth Wheel* bezeichnen die Nordamerikaner einen Wohnmobiltyp, bei dem die „Wohnung" eine lösbare Verbindung mit dem Zugfahrzeug hat: Wie bei einem Sattelschlepper liegt der Alkoven des *Trailers* auf der Pritsche eines *Pickup Truck* auf. Die „Wohnung" selbst rollt auf einer Tandem-Achse. Für das Abnehmen und Aufbocken des Trailers benötigt man mit ein wenig Übung nur wenige Minuten.

Fifth Wheel auf einem Truck (fn)

Beispielgrundriss: hier mit Slide Outs gleich zu zwei Seiten

Cameo 33' Fifth Wheel......F33CKQ
Base MSRP $59,165

Die *Fifth Wheels* sind geräumiger als gleich lange *Motorhomes*, besonders das Alkovenbett ist größer. Allerdings ist die Gesamtlänge des Gefährts deutlich größer als bei einem Motorhome: Ein 22 - 23 ft langes *Fifth Wheel* erreicht zusammen mit dem Truck eine Länge von 37 - 38 ft, also etwa 11,50 m.

Diese Wohnmobile werden von wenigen Vermietern angeboten. Sie eignen sich besonders für längere, gemütliche Reisen, bei denen der Wohnteil für mehrere Tage auf demselben Platz stehen bleiben kann, wenn man mit dem *Truck* zu Besichtigungen oder zum Einkaufen unterwegs ist. Mit ihnen kann man auch problemlos Innenstädte besuchen, in denen das Fahren mit einem vergleichbaren *Motorhome* eher beschwerlich ist (Park-Probleme!).

Während der Fahrt müssen alle Passagiere im *Truck* sitzen, ein vorgespannter *Super Cab Truck* bietet aber höchstens vier Personen Platz.

Hier bekommt man keine Platzangst:
Fifth Wheel mit Slide Outs, links ein kleineres Modell von außen (fn)

Pickup

Das Fahrzeug ist ein Pritschen-Kleinlaster mit einfacher Bereifung hinten und abgeschlossener Fahrerkabine. Der Wohnteil, zu dem es außer gelegentlich einem kleinen Fenster keine Verbindung vom Fahrerhaus gibt, ist auf der Ladefläche befestigt. Er kann zwar abgenommen werden, aber nicht während einer Urlaubsreise, sondern wenn ein einheimischer Besitzer den Aufbau nur

Typischer Pickup (fn)

Das Bett über dem Fahrerhaus (fn)

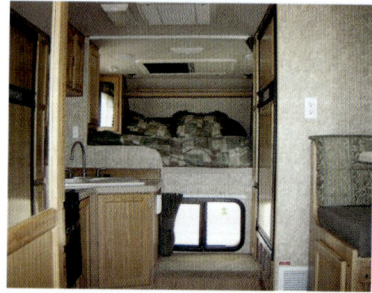

für den eigenen Urlaub benutzt, den Lkw aber im Alltag braucht. Solche Camperwohnteile sitzen dann oft im Garten auf Stützen und warten auf die nächste Urlaubsfahrt.

Die Angaben zur Fahrzeuglänge unterscheiden sich, je nachdem, ob das Fahrzeug „über alles" wie ein Motorhome gemessen wird oder nur die

Bodenfläche des Wohnteils. Ein mit 8 Fuß angegebener Camper hat einen Aufbau von etwa 2,40 m, aber eine Gesamtlänge von etwa 19 - 20 Fuß (knapp 6 m). In dieser Länge ragt der Wohnteil kaum oder gar nicht über die Pritsche des Lasters hinaus.

Kleiner Pickup mit zum Bett umgebauter Sitzgruppe für die Nacht

Bei den oft als *Maxi Pickup Camper* bezeichneten Fahrzeugen ist der Wohnteil (zwischen 10 und 11 ft) um etwa einen Meter länger und ragt über die Ladefläche hinaus. Die Gesamtlänge erreicht dann 22 - 23 Fuß (6,70 - 7,00 m).

Auch Pickups gibt es schon mit Slide Out

Die *Trucks* gibt es in drei Ausprägungen: 1. mit einfacher zweitüriger Fahrerkabine, in der drei Personen auf der Sitzbank Platz finden; 2. als *Super Cab* oder *Extended Cab*, wo hinter der Sitzbank gerade so viel Platz ist, dass zwei Einzelsitze untergebracht werden können; 3. als *Crew Cab* mit zwei Türen auf jeder Seite und einer zweiten Sitzbank.

Die Camperaufbauten haben die Breite der **A** und **C** Motorhomes, der Alkoven über der Motorhaube ist manchmal so groß, dass er das Blickfeld nach oben einschränkt. Das Radio im Fahrerhaus hat keine Lautsprecher im Wohnbereich. Pickup-Camper haben aber auch Vorteile gegenüber den Motorhome-Typen C und **B** und **A**

▷   Der Wassertank ist durch die metallene Ladefläche geschützt, sodass Steinschlag den Kunststofftank nicht gefährden kann. Das zahlt sich auf Schotterstrecken aus, auf denen man ...

▷   ... im Fahrerhaus viel weniger von Erschütterungen im Wohnbereich
       hört, wenn z.B. Geschirr oder Vorräte in den Schränken klappern
       oder die Platte des Gasherds rattert und quietscht. Außerdem ...

▷   ... können auf der Sitzbank im Fahrerhaus drei Erwachsene sitzen,
       weil der Motor nicht in die Fahrerkabine hereinragt.

Das früher standardmäßige Fenster nach vorn im Alkoven gibt es nur noch
selten. Es hatte ohnehin einen begrenzten Nutzeffekt, war aber der Gefahr
ausgesetzt, von aufgewirbelten Steinen getroffen und zerstört zu werden.
Während man Fenster für den *Truck* leicht bekommen kann, ist der Ersatz
eines Camperfensters schwieriger und nur bei Spezialwerkstätten möglich.
Wir haben auf einer Fahrt nach Alaska das Fenster mit Pappe und Klebeband
geschützt - die Einschläge haben die Scheibe erreicht, sie aber nicht beschädigt. Wir haben auch vom Nutzen aufgeklebter Luftpolsterfolien gehört, wie
man sie zu Verpackungszwecken benutzt.

Compact RV

Der Fahrzeugtyp **22ft -24ft „Compact RV",** Auftragsbau von Cruise America, steht zwischen dem *Motorhome* und dem *Pickup-Camper*, weil er das
Chassis eines Pickup Trucks hat und den festen Aufbau eines Motorhomes,
aber keinen Durchgang zwischen Fahrerkabine und Wohnbereich.

Er wird in **Längen von 22 bis 24 ft** angeboten und ist so breit wie die
Typen Class C und Class B. Der Grundriss entspricht eines 22ft Class C. Sein
Vorteil: Die „Wohnung" sitzt nicht auf der Ladefläche, sondern ist wie bei den
Motorhomes auf das Chassis gebaut. Dadurch entsteht ein niedrigerer
Schwerpunkt, möglicherweise auch weniger Luftwiderstand und geringerer
Benzinverbrauch.

Pickup Camper

Schmaler als die bisher besprochenen und weitaus spartanischer ausgestattet
sind die *Pickup-Camper* mit **Allradantrieb**. Der „Wohnteil" besteht im
Extremfall aus einer Kabine mit zwei Türen im Heck, in der es nicht einmal
Stehhöhe gibt. Das Bett wird auseinandergezogen, tagsüber wieder zusammengeschoben. Alles, was man zum Leben braucht, ist nicht fest installiert,

sondern „*portable*": der Wasserbehälter, der Gaskocher, die Kühlbox. Dieser Typ steht als Pickup-Camper am unteren Ende der Pickup-Skala.

Besser ausgestattet sind die **Pickup-Camper** bezeichneten Camper, die einen Alkoven und z.T. eine eingebaute Kühlbox haben (Kühlung mit Eis aus dem Supermarkt oder von der Tankstelle).

Van Conversion: Class B

Ein Van ist ein Lieferwagen oder Kleinbus. Wenn man ihn zu einem Wohnmobil umwandelt („konvertiert"), dann entsteht ein *Van Conversion*. Es gibt einige andere Bezeichnungen für diesen Wagentyp, die oft mit der Größe zu tun haben: Ein *Wide Body Van* hat mehr Breite als ein normaler, der auch *Campervan* oder *Van Camper* heißen kann.

In verlängerter Form kommt er als *Maxi-Van* daher, als *Deluxe Van*, wenn der Vermieter mehrere *Van Conversions* im Angebot hat und sie von der Ausstattung her differenzieren möchte. Besonders geräumige Fahrzeuge tragen gelegentlich auch den Namen *Motorhome Van*, aber mit einem *Motorhome*, wie wir es definiert haben, hat das nichts zu tun.

Die Sitzecke wird abends zum Bett umgebaut (fn)

*Grundriss im Van:
oben am Tag,
unten bei Nacht.
Hier kann man noch in
einem kleinen Alkoven
schlafen und die
Sitzecke - hier in der
Mitte des Autos -
kann ebenfalls zum
Schlafplatz umgebaut
werden*

Die *Van Conversions* haben die in den *Trucks* üblichen Motoren, meist mit acht Zylindern. Sie sind auf Stehhöhe ausgebaut und haben oft im Dachbereich ein Bett. Außer den Türen für Fahrer und Beifahrer gibt es auf der rechten Seite in Fahrtrichtung eine Schiebe- oder Klapptür zum Wohnbereich.

Weil von der Fahrzeuggröße her weniger Raum zur Verfügung steht als in den *Motorhomes*, ist die Ausstattung bei einigen Herstellern intelligenter, wenn auch nicht ganz so komfortabel: weniger Flammen am Gasherd, kleinerer Kühlschrank, selten Dusche, nicht immer WC, aber diese „Nachteile", wenn es denn welche sind, werden aufgewogen durch die Handlichkeit und damit die Möglichkeit, auch Städte problemlos zu besuchen. Außerdem ist der Benzinverbrauch relativ gering.

Betten, die nicht erst „gebaut" werden müssen, gibt es bei wenigen Modellen im Heck. Zum Bett umgebaut werden die Dinette oder die Sessel im Fahrerhaus mit denen im Wohnbereich, auseinander gezogen wird die Matratze im Dachaufbau, wo ein solcher vorhanden ist. Conversion Van werden kaum noch angeboten.

Es gibt einige kleine Vermieter wie USA Camper oder Autoteam oder Transatlantic RV. Diese Vermieter haben meist Modelle die 5 bis 10 Jahre alt sind aber einen guten gepflegten Zustand haben - alles für den kleinen Geldbeutel.

VW Camper

Einige Vermieter, besonders wenn sie gleichzeitig VW-Händler sind, haben den VW-Camper mit Hubdach im Programm. Er hat einen 6-Zylinder-Motor mit 2,8 l Hubraum und Frontantrieb. Sein Aufbau stammt von Westfalia, die sind immer noch sehr gefragt und von dem amerikanischen Motorhome-Hersteller *Winnebago*. Seit 2003 ist die Produktion allerdings eingestellt, sodass Sie nur ältere Modelle bekommen können.

Auf diesen Wagentyp trifft das für die *Van Conversions* Gesagte gleichermaßen zu, wobei das Dach erst aufgestellt werden muss, wenn man im Wohnbereich stehen will.

Wohnmobile für Behinderte

Wir haben schon davon gesprochen, wie positiv die Einstellung der Kanadier und Amerikaner zu Behinderten ist. Da ist es auch gar nicht verwunderlich, dass es Vermieter gibt, die wenige Wohnmobile **rollstuhlgerecht** ausgebaut haben, mit breiter Tür und sogar einer Hebebühne. Dass der Umbau Geld kostet und den Mietpreis erhöht, ist selbstverständlich, aber immerhin kann auch ein Behinderter mit seiner Familie die Schönheiten Nordamerikas und den Reiz einer Wohnmobilreise erleben.

Ausfahrbare Hebebühne an einem 27ft-Modell (www.fraserway.com)

Behindertengerechter Ausbau eines 27ft-Modells
(📷 www.fraserway.com)

In den Prospekten einiger Reiseveranstalter finden Sie dieses Modell beim Vermieter **Fraserway RV Rentals** in Kanada. Was wir bisher noch nicht in den Prospekten gefunden haben, ist die Möglichkeit, **jeden** Fahrzeugtyp auf reinen **Handbetrieb** umrüsten zu lassen. Der kanadische Vermieter Fraserway, der zu einem bedeutenden Wohnmobilhersteller gehört, berechnet für den Umbau etwa CAN-$ 1.650 bei Anmeldung bei der Reservierung. So können auch Behinderte, die in Europa ihren eigenen Wagen fahren, ein Wohnmobil im Urlaub benutzen.

Benzinverbrauch für die einzelnen Wohnmobil-Kategorien

Gelände, Witterungsbedingungen und Fahrweise beeinflussen den Benzinverbrauch, das weiß jeder. Insofern ist es unmöglich, einen verbindlichen Verbrauchswert für die verschiedenen Wohnmobile zu nennen. Die Vermieter geben selten Verbrauchswerte an, weil sie sich nicht für deren Richtigkeit verantwortlich machen lassen wollen.

Es gibt aber Durchschnittswerte, die man „von - bis" angeben kann. Das versuchen wir im Folgenden mit Hilfe der Herstellerangaben und eigener Erfahrungswerte.

Wenn Sie während einer Reise Werte ermitteln, die deutlich über den hier angegebenen Spannen liegen, sollten Sie sich mit dem Vermieter in Verbindung setzen. Wichtig: Richtig rechnen!

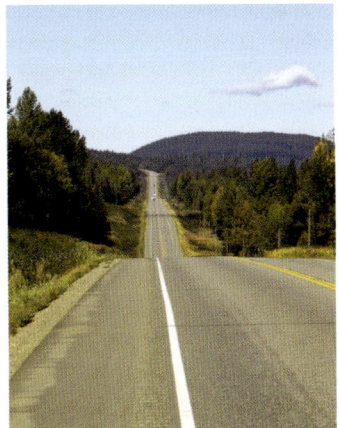

In den Weiten Nordamerikas legt man häufig viele Meilen auf dem Highway zurück (dg)

Durchschnittlicher Benzinverbrauch (Liter auf 100 km)

Modell	Class A	Class B	Class C	Van
Liter/Km	30- 45	25- 35	17- 25	15- 20
Mile/Gallone mpg	5- 8	7 -10	7-10	7-10

Benzinpreis in Kanada: CA$ 1.15 bis 1.30 je Liter, also im Schnitt CA$ 1.22. In USA: US$ 3.75 bis 4.65 je Gallone (2012) von ca. 3¾ Litern, also im Schnitt US$ 4.00. Als Kurse nehmen wir an: 1 CA$ = 0.78 €, 1 US$ = 0.77 €.

Zur Berechnung des Benzinverbrauchs wurden zugrunde gelegt: 30 % Stadt, 30 % Landstraße und 40 % Autobahn.

Wo kann man Wohnmobile mieten?

Wohnmobile können bei insgesamt rund 40 Vermietstationen in Kanada und fast genau so vielen Stationen in USA übernommen werden ...

... in Kanada:
Calgary, AB
Halifax, NS
Montreal, PQ
Toronto, ON
Vancouver, BC
Whitehorse, YT
Winnipeg, MB

... in den USA:
Albuquerque, NM
Anchorage, AK
Atlanta, GA
Bellingham, WA
Boston, MA
Chicago, IL
Denver, CO
Fort Lauderdale, FL
Houston, TX
Las Vegas, NV

Los Angeles, CA
Miami, FL
New Orleans, LA
New York, NY
Orlando, FL
Phoenix, AZ
Salt Lake City, UT
San Francisco, CA
Seattle, WA
Tampa, FL

Wir stehen auf dem Standpunkt, dass die Anmietung in Europa bei einem Reiseveranstalter von Vorteil ist.

Sicherungsschein des Reiseveranstalters

Deutsche Reiseveranstalter sind gesetzlich verpflichtet, Kundengelder gegen das Risiko der Zahlungsunfähigkeit abzusichern. Damit soll gewährleistet werden, dass der Reisende die bezahlten Leistungen erhält oder dass ihm für die Rückreise zusätzlich entstehende Aufwendungen erstattet werden. Verstöße gegen die Absicherungs-Pflicht können mit hohen Geldstrafen geahndet werden. Ohne Aushändigung des Sicherungsscheins ist der Veranstalter nicht befugt, Zahlungen auf den Reisepreis zu fordern oder anzunehmen.

Wichtig: Ohne Sicherungsschein keine Zahlung! Dieser Satz hat doppelte Bedeutung: Sie brauchen vor Reise-Antritt nicht zu zahlen, aber Sie bekommen auch kein Geld im Schadensfall.

Reiseveranstalter ist, wer mindestens zwei Reise-Leistungen zu einem Gesamtpreis zusammenfasst. Die Angebote von Ferienhäusern, Boots-Chartern und Wohnmobilen fallen unter die gesetzlich festgelegte Absicherungspflicht des Veranstalters. Auch ein Vermittler (Reisebüro) ist verpflichtet, vor Entgegennahme einer An- oder Vorauszahlung den Sicherungsschein auszuhändigen.

Was ein Wohnmobil ausmacht

Einführung

Wir behandeln in den folgenden Abschnitten das „Basisfahrzeug" und alles, was mit dem mobilen Teil zusammenhängt; „Küche und Wohnzimmer", „Das Schlafzimmer", also die Anordnung der Betten; in „Nasszelle und Tanks" die Versorgungseinrichtungen und deren Handhabung. Allgemeine Informationen und Verhaltensregeln im Verkehr und Informationen über die Campgrounds folgen in späteren Kapiteln.

Die Vermieter weisen die Mieter in die Technik ein und stellen zumeist auch ein Handbuch zur Verfügung, manchmal sogar in deutscher Sprache. Wer zum ersten Mal ein Wohnmobil übernimmt, sieht sich vielleicht vor einer Fülle von neuen Dingen, die ihn verwirren könnte. Die Gefahr ist geringer für jemanden, der sich schon theoretisch ein wenig mit der Technik der Wohnmobile vertraut gemacht hat. Unser Handbuch soll dazu einen Beitrag leisten und auch während der Reise als Nachschlagewerk hilfreich sein.

Das Basisfahrzeug

Die **Motoren** der Wohnmobile sind angemessen stark und erlauben komfortables Fahren, auch im Gebirge. Die kanadischen und amerikanischen Fahrzeuge (Ford, Chevrolet, Dodge) haben 8- oder 10-Zylinder-Motoren, die bei relativ niedrigen Drehzahlen ruhig laufen und bei geringem Verschleiß eine lange Lebensdauer haben.

Dieselmotoren sind selten (aber im Kommen), Benziner sind (noch) Standard. Das zulässige **Benzin** ist in fast allen Fällen *Regular Unleaded*, also bleifreies Normalbenzin. Der VW-Camper in der Winnebago-Ausführung hat einen 2,8 l-Motor mit 6 Zylindern und Frontantrieb.

Als Reisender hat man im Normalfall mit dem Motor nur wenig zu tun: Möglichst bei jedem Tanken sollte man den **Ölstand** kontrollieren oder kontrollieren lassen; das geht genauso wie beim Pkw. Es ist im Interesse der Vermieter, dass der Kunde Öl nachfüllt, wenn es nötig sein sollte; deshalb erstatten die meisten Vermieter die Auslagen für Öl gegen Quittung. Vermieter, die sich dazu nicht entschließen, gehen, um ein paar Dollar zu sparen, unseres Erachtens ein teures Risiko ein. Standardmotoröl ist „10W30" „10W40"; es wird in Liter- oder Quart-Dosen verkauft wie bei uns. Am besten lassen Sie sich vom Vermieter sagen, welches Öl er vorschreibt.

Die meisten Wohnmobile haben **Dreigang-Automatikgetriebe**, die nur in Stellung **P** (Parken) und **N** (Neutral = Leerlauf) gestartet werden können. Das ist nicht anders als bei uns. Wenn der Motor nicht sofort anspringt, sollte der Anlasser nie länger als 1 Min. laufen. Lassen Sie einige Zeit zwischen den Startversuchen verstreichen. Der Zündschlüssel kann nur in Position **P** abgezogen werden. Der VW-Camper hat ein Viergang-Automatikgetriebe.

Im Gegensatz zu den bei uns verbreiteten Fünfganggetrieben ist der Drehzahlbereich des Fahrgangs **D** (*für Drive*) in Nordamerika sehr breit. Bei Bergfahrten ist es manchmal ratsam, von Hand auf Stufe 2 zurückzuschalten: bergauf, um die Drehzahl zu erhöhen und dadurch den Motor besser zu kühlen; bergab, um die Bremswirkung des Motors zu nutzen und das gefürchtete *Fading* bei heißlaufenden Bremsen zu vermeiden.

Für die Gänge bekamen wir unterschiedliche Höchstgeschwindigkeiten genannt: **Stufe 1** bergauf 15 bis 30 mph = 25 bis 50 km/h, bergab 20 bis 30 mph = 35 bis 50 km/h; **Stufe 2** 30 bis 50 mph = 50 bis 80 km/h bergauf oder bergab. Die meisten Vermieter schlagen jedoch vor, sich auf den gesunden Menschenverstand zu verlassen, mitzudenken und „nach Gehör" zu fahren. Treibstoff kann man bei zu hoch drehendem Motor nicht sparen. Man sollte deshalb mit höheren Drehzahlen in den Gängen 1 und 2 nur fahren, wenn es unbedingt nötig ist.

Manche Wohnmobile haben *Overdrive*, d.h. einen Schongang, der die Drehzahl senkt und Treibstoff spart. Er wird meistens mittels eines Knopfs im Schalthebel der gängigen Lenkradschaltung ein- und ausgeschaltet. Er sollte nur auf ebener Strecke benutzt und bei Gefällstrecken ausgeschaltet werden, damit die Bremswirkung des Motors genutzt werden kann (siehe oben). Vorausdenkende Benutzung des *Overdrive* und der Schaltstufen des Getriebes spart viel Benzin.

Nicht immer ist ein Motor schlecht eingestellt, wenn der Fahrer hohe Verbrauchswerte ermittelt.

Wer mit **Automatikgetriebe** keine Erfahrungen hat, braucht keine Angst vor einer Wohnmobilreise zu haben. Wichtig ist nur eins, und das muss ins Unterbewusstsein des Fahrers eingehen: Der linke Fuß ist arbeitslos! Man sollte ihn möglichst weit zur Seite stellen. Wenn neben der Tür eine Stufe ist, stellen Sie ihn in diese Vertiefung oder lassen Sie sich sonst ein Hilfsmittel einfallen, das den linken Fuß daran hindert, die nicht vorhandene Kupplung zu betätigen.

Wenn man mit dem Druck, der üblicherweise für die Kupplung angewandt wird, die Bremse erwischt, dann bekommt man das Gefühl, das Wohnmobil stelle sich auf die Vorderräder. Dass der Inhalt der Schränke den Prinzipien der Schwerkraft folgt, ist klar, und mindestens die Kaffeekanne ist reif für den Müll.

Zur leichten Bedienung der Wohnmobile trägt die **Servolenkung** bei; das Lenkrad lässt sich dank der Unterstützung durch die Hydraulik mit einem Finger drehen, viel leichter, als man es bei uns von Servolenkungen gewohnt ist. Das erfordert etwas Gewöhnung, ist aber sonst recht angenehm.

Komfortabel ist auch das **verstellbare Lenkrad** (*Tilt steering*), das es erlaubt, in Verbindung mit der **Sitzverstellung** die günstigste Sitzposition einzunehmen. Fahrer- und Beifahrersitz lassen sich zwar nach vorn und hinten schieben, die Rückenlehne lässt sich jedoch nur selten verändern. Man sitzt im Camper und Motorhome ziemlich hoch und hat guten Überblick über die Straße.

Sicherheitsgurte sind vorhanden und müssen angelegt werden - nicht nur im Fahrerhaus, sondern auch im Wohnbereich, wo die Sitzbänke mit Gurten ausgestattet sind. Die Zahl der vorhandenen Sicherheitsgurte entspricht der Zahl der maximal zu befördernden Personen.

Im Fahrerhaus gibt es **Sonnenblenden**, die aber manchmal so klein sind, dass sie gegen die tiefstehende Sonne nicht helfen. Da muss man sich notfalls Hilfskonstruktionen einfallen lassen aus Klebeband und Karton. Wir haben damit bei einer Reise im Herbst durch den *Indian Summer* von Neuengland gute Erfahrungen gemacht.

Die **Rückspiegel** sind groß und sollten so eingestellt sein, dass der Fahrer das Ende des Wohnmobils gerade noch sehen kann. Zum Einstellen braucht der Fahrer einen Helfer, denn die Spiegel werden selten elektrisch betrieben (bestenfalls gegen Vereisung beheizt).

Auf den linken Außenspiegel ist in der Regel ein runder Verkleinerungs-spiegel aufgeklebt, mit dem man den „toten Winkel" überblicken kann, der aber zum **Rückwärtsfahren** auch nach Gewöhnung nicht geeignet ist. Dafür braucht auch ein geübter Fahrer einen geübten Einweiser!

Gehen Sie kein Risiko ein: Schäden beim Rückwärtsfahren gehen zu Lasten des Mieters, die Begrenzung der Selbstbeteiligung in der Kaskoversi-cherung entfällt bei den meisten Vermietern! Manchmal gibt es eine Hilfe, die das Zurücksetzen erleichtern und vor Hindernissen hinter dem Wohnmobil warnen soll: Radar! Das Gerät piepst im Fahrerhaus, wenn sich das Motor-home auf 1,30 m einem Hindernis nähert. Trotzdem: Verlassen Sie sich auch nicht auf die modernste Technik: Ihr Beifahrer ist besser!

Selbst erlebt: Ein Landsmann gab ein am Heck stark beschädigtes Motor-home ab. Der Stationsleiter fragte, wie denn der Schaden entstanden sei und ob sich der Fahrer nicht von seiner Frau habe einweisen lassen. „Doch", war die Antwort, „aber ich habe ihr nicht geglaubt".

Nordamerikaner sind es gewohnt, lange Strecken zu fahren; ein Kaffee-besuch bei Freunden oder Verwandten in 300 km Entfernung ist nichts Besonderes. Da allgemein langsamer gefahren wird als bei uns (es gibt nur in Montana Strecken ohne Geschwindigkeitsbegrenzungen!) und da auch auf Überlandstrecken das Rechtsüberholen zulässig (wenn auch nicht immer beliebt) ist, führt der **Tempomat** (*Cruise Control*) zu einem gleichmäßigen Verkehrsfluss:

Die gewünschte Geschwindigkeit wird durch den Druck auf einen Knopf im Blinkerhebel fixiert. Sie bleibt so lange konstant, bis man a) das Bremspe-dal berührt, b) den Schalter **Off** betätigt, c) die Geschwindigkeit langsam mit dem Schalter **Coast** reduziert oder sie d) mit dem Schalter **Accel** erhöht. Nach dem Bremsen bringt der Druck auf **Resume** das Fahrzeug wieder auf die ursprünglich eingestellte Geschwindigkeit.

Cruise Control arbeitet nur bei Geschwindigkeiten über 25 mph = 40 km/h. Wenn bei Bergfahrten die Geschwindigkeit absinkt und das Automatikgetriebe nicht selbst zurückschaltet, kann man die Geschwindigkeit durch manuelles Zurückschalten konstant halten oder untertouriges Fahren vermeiden. Für den Tempomat übernehmen die meisten Vermieter, obwohl er in vielen Fahrzeugen vorhanden ist, keine Garantie.

Wohnmobile haben zwei **Batterien**, die während der Fahrt aufgeladen werden: Eine versorgt das Fahrzeug selbst (z.B. Starten, Fahrlicht), die andere den Wohnbereich (z.B. Beleuchtung). Sie wird oft als Hilfsbatterie (*Auxiliary battery*) bezeichnet und auch aufgeladen, wenn das Wohnmobil am Strom angeschlossen ist. Wenn die Wohnbereichsbatterie notfalls zum Starten des Fahrzeugs eingesetzt werden soll, muss dafür eine bestimmte Vorrichtung vorhanden sein, die das ansonsten nicht mögliche Zusammenschalten der Batterien erlaubt: Ein Emergency start switch oder Dual battery switch ist in allen neueren Motorhomes vorhanden.

Sogar die **Solarenergie** wird inzwischen zum Laden der Batterien eingesetzt. Die Sonnenkollektoren sind auf der Dachklimaanlage angebracht.

Sollte das Fahrzeug nur **eine** Batterie haben, dann kann es notwendig werden, bei längerem Aufenthalt an einem Ort den Motor gelegentlich eine Viertelstunde laufen zu lassen. Wenn die Batterien nicht wartungsfrei sein sollten, ist eine Prüfung des Säurestands empfehlenswert. Den Ladezustand der Batterie(n) kann man in vielen Wohnmobilen am Kontrollpaneel (*Monitor*) ablesen, das meist gut sichtbar angebracht ist und auch den Inhalt der verschiedenen Tanks anzeigen soll.

Die Wohnmobile sind in aller Regel mit **Gürtelreifen** ausgestattet. Runderneuerte Reifen (*Retreads*) sollte man bei keinem Vermieter antreffen. Ein korrekter **Reifendruck** ist bei jedem Fahrzeug wichtig, nicht nur, weil falscher Druck zu erhöhtem Verschleiß oder weniger Fahrkomfort führt, sondern auch, weil nur bei richtigem Druck und einwandfreiem Reifenprofil ein Höchstmaß an Sicherheit gewährleistet ist.

Anders als bei uns findet man an Tankstellen selten Manometer am Druckluftschlauch oder tragbare Druckluftbehälter. Notfalls muss man sich vom Tankwart das Messgerät ausleihen, das den Reifendruck anzeigt, indem eine dünne Metallsäule mit *Psi*-Angaben aus dem etwas dickeren Stab herausgedrückt wird. *Psi* sind *Pounds per square inch*, d.h. Pfund pro Quadrat-Zoll (☞ Maße und Gewichte, S. 83).

Es schadet nicht, bald nach der Wohnmobilübernahme den Reifendruck zu prüfen und notfalls zu korrigieren. In der Hektik der Hochsaison kann schon einmal vergessen werden, den Druck zu prüfen, und wenn Ihr Vormieter schlampig war, haben Sie nicht das Höchstmaß an Sicherheit.

Über **Werkzeug** gehen die Meinungen von Vermietern und Mietern auseinander: Die einen wollen nicht, dass der Urlauber sich als Hobbymechaniker betätigt, die anderen fühlen sich unwohl, wenn sie im Ernstfall kleinere Verrichtungen nicht vornehmen können. Uns haben oft ein paar (gute!) Werkzeuge geholfen und den Einsatz von Pannendiensten überflüssig gemacht. Gelegentlich haben wir eine gute Zange oder einen guten großen Schraubenzieher gekauft und zum Schluss nach Hause mitgenommen.

Ähnlich unterschiedlich sind die Meinungen über den zweiten Satz **Schlüssel**: Die Vermieter geben grundsätzlich nur einen Satz heraus, und auf den muss man gut aufpassen. Wenn der im Wagen liegt und alle Türen verschlossen sind, wird Hilfe teuer oder das Fahrzeug beschädigt. Die Verantwortung dafür liegt beim Mieter.

Irgendwo in einem Außenfach bei den Motorhomes oder im Kleiderschrank eines *Van Conversion* werden Sie einen **Wagenheber** finden, den Sie am besten überhaupt nicht benutzen. Wenn Sie ein Rad wechseln müssen, ist das Risiko der Verletzung beim Hantieren mit ungewohntem Gerät recht groß. Da sollte man schon überlegen, ob es nicht besser ist, wenn man Hilfe holt (oder holen lässt). Ein äußeres Rad bei Zwillingsrädern hinten kann man ohne Wagenheber wechseln, wenn man auf eine Bordsteinkante oder einen Holzklotz fährt. Vom Wechseln eines inneren Zwillingsrads raten wir ab. Einige Vermieter in den USA geben aus Prinzip keine Wagenheber in die Wohnmobile, weil sie fürchten, für einen etwaigen Unfall des Mieters haften zu müssen. Mitglieder der nordamerikanischen Automobilclubs und ihnen gleichgestellte Mitglieder einiger europäischer Clubs können sich in jeder ⒶⒶ-Niederlassung eine temporäre Mitgliederkarte holen.

Viele Wohnmobile verfügen im Fahrerhaus über eine **Klimaanlage**. Sie arbeitet nur bei laufendem Motor und reicht nicht aus, den Wohnbereich eines *Motorhomes* zu kühlen. Diese Klimaanlage heißt *Dash Air*, weil sie im Dash Board, dem Armaturenbrett, eingebaut ist. Die Klimaanlage im Wohnbereich wird an anderer Stelle dieses Buches behandelt.

Die Wohnmobile aller Vermieter sind mit einem **Radio** und **CD-Gerät** ausgestattet, (UKW heißt *FM*, Mittelwelle *AM)* Beide Bereiche fangen im Vergleich zu europäischen Verhältnissen relativ wenige Sender ein, weil die meist regional orientiert sind und eine geringe Sendeleistung haben.

Die Türen und Fenster des Fahrerhauses haben im Gegensatz zu der Tür zum Wohnbereich keine **Fliegendrahtsicherung**.

Größere Motorhomes haben - in den USA häufiger als in Kanada - einen **Generator**, der Strom von 110 Volt mittels eines Benzinmotors erzeugt, der vom Armaturenbrett oder vom *Monitor* aus gestartet werden kann. Mit diesem Strom kann auf Campingplätzen ohne *Hook-ups* (Netzanschluss) oder sogar während der Fahrt die Klimaanlage auf dem Dach betrieben werden. Für den Generator muss meist eine Benutzungsgebühr pro Betriebsstunde oder pro Tag extra an den Vermieter gezahlt werden. Nach unseren Erfahrungen war es günstiger, pro Stunde abzurechnen - aber das hängt von der Benutzungsdauer ab.

Im Mobil eingebauter Generator (fn)

Ein Generator macht Lärm, darf auf vielen Campingplätzen in den Abendstunden nicht betrieben werden und verbraucht reichlich Benzin aus dem regulären Benzintank (etwa 4 l pro Stunde, das ergibt je nach Fahrzeugtyp einen Mehrverbrauch um 20 bis 30 %!). Er erhöht also den Durchschnittsverbrauch, ohne dass der Motor etwas dafür kann! Der Ölstand des Generators ist spätestens alle 10 Betriebsstunden zu prüfen.

Der Generator stellt automatisch seinen Betrieb ein, wenn der Benzintank des Fahrzeugs nur noch ein Viertel voll ist. Manche Vermieter weisen darauf hin, dass während der Fahrt, besonders im Gebirge, Störungen auftreten können, weil die Benzinpumpen dort nicht immer zuverlässig arbeiten.

Das Schlafzimmer

Nach dem Antriebsteil der „rollenden Ferienwohnung" wenden wir uns nun den Schlafmöglichkeiten zu, denn zu einem gelungenen Urlaub gehört auch ein erholsamer Schlaf. Der ist nach unseren langjährigen Erfahrungen stets gewährleistet, wenn der Vermieter nicht allzu sehr an der Qualität der Matratzen gespart hat. Insbesondere die Matratze des Alkovenbetts, die auf einem ungefederten Sperrholzboden ruht, darf nicht zu dünn sein, weil sonst die Wirbelsäule bei Seitenlage nicht entspannen kann.

Es gibt eine Reihe verschiedener Bettformen und -anordnungen, die einzeln oder in Kombinationen in den Wohnmobilen vorkommen. Etwas Grundsätzliches vorweg: Es gibt keine Wohnmobile mit „fünf Betten", wie man gelegentlich in Prospekten lesen kann, sondern nur Wohnmobile mit Platz für fünf Personen, die in maximal drei oder vier Betten untergebracht werden können.

Das **Alkovenbett** tritt auf bei den **Pickup-Campern**, den **Fifth Wheels** und den **C Motorhomes**: Es ist stets als Doppelbett ausgelegt und wirklich breit genug für zwei Erwachsene, ausgenommen vielleicht die kleinsten *Camper*. Man schläft meist **quer** zur Fahrtrichtung; in manchen Wohnmobilen ist das Bett in Fahrtrichtung angeordnet, wenn der Alkoven lang genug ist. Das ist vorteilhaft, weil der eine nicht über den anderen krabbeln muss. Um ins Bett zu „steigen", benutzt man Sitz und Rückenlehne der Dinette oder die bordeigene Leiter.

Wenn gegenüber der *Dinette* ein Sofa angeordnet ist und dieses als Bett benutzt wird, dann ist ohne *Slide Out* wenig oder gar kein freier Durchgang mehr vorhanden, sodass „oben" Schlafende über die „unten" Schlafenden hinwegsteigen müssen, wenn sie nachts zur Toilette wollen.

Es hat sich seit einigen Jahren eingebürgert, dass die Reiseveranstalter die **Bettenmaße** in ihren Prospekten angeben. Das ist, auch wenn weder der Veranstalter noch der Vermieter eine bestimmte Bettengröße garantieren wollen und können, immerhin ein Anhaltspunkt für die Geräumigkeit der Schlafstelle. Garantieren kann schon deshalb niemand die exakten Maße, weil in der Regel die Veranstalterprospekte hergestellt werden, bevor die in der kommenden Saison neu eingesetzten Fahrzeuge gebaut sind. Wichtig neben der Länge und der Breite des Betts ist die Höhe zwischen Matratze und Dach; sie sollte 65-70 cm nicht unterschreiten, denn wegen der nach vorn geringer werdenden Höhe kann sich der dort Liegende sonst nicht mehr bequem und ohne den Nachbarn zu wecken umdrehen. Dieses Maß finden Sie in den Prospekten leider selten oder gar nicht.

Alkovenbett: zum besseren Einstieg zu den Vordersitzen kann man einen kleinen Ausschnitt des Bettbodens hochklappen (fn)

In vielen Fahrzeugen gibt es im Alkoven nach vorn keine Fenster mehr; sie waren immer durch Steinschlag gefährdet und brachten nur dann einen Vorteil, wenn Kinder bäuchlings den Alkoven als Ausguck benutzten, aber das ist während der Fahrt ohnehin verboten, weil zu gefährlich (keine Sicherheitsgurte!). Zur Lüftung gibt es eine **Dachluke** und/oder Schiebefenster an beiden Seiten des Alkovens. Zur besseren Kopffreiheit im Fahrerhaus kann man häufig in Motorhomes einen Teil der Alkovenmatratze tagsüber nach vorn schieben oder umklappen. An mindestens einer Seite des Alkovens gibt es eine **Leselampe**. Wer will, kann den Alkoven zum Wohnbereich hin mit dem bordeigenen Vorhang abtrennen.

In fast allen Wohnmobilen kommt die **Dinette** genannte umbaubare Essecke vor. Die Tischplatte bildet die Unterlage für die Rückenkissen der Sitzbänke, die nachts zur Matratze werden. In aller Regel hat die Dinette, wenn sie an der Seite des Wohnmobils angeordnet ist, nicht die für einen Erwachsenen notwendige Länge von mindestens 1,90 m; sie ist aber mit etwa 1,00 m für Kinder breit genug. Wenn die Dinette im Fahrzeugheck liegt, dann entsteht beim Umbau aus den L- oder U-förmig angeordneten Sitzbänken und dem Tisch ein großes Bett; die U-förmige Dinette wird auch *horseshoe lounge* genannt. Manche Wohnmobile haben statt einer oder zwei Stützen unter dem Tisch Beine zum Ausklappen, sodass man den Tisch auch außerhalb des Wohnmobils benutzen kann.

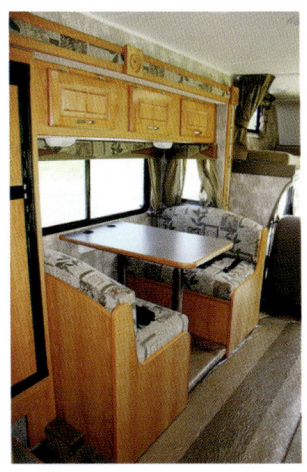

Die Sitzgruppe (Dinette) kann nachts zum Bett umgebaut werden, unten das Sofa gegenüber (fn)

Eine weitere Schlafmöglichkeit bietet die **Klapp- oder Ausziehcouch** (englisch: *Chesterfield*, auch *Goucho* oder *Gaucho* genannt). Neuerdings taucht auch der Begriff *Sofa* auf. Diese Schlafgelegenheit ist meist in Längsrichtung im Fahrzeug angeordnet und steht gegenüber der Dinette; die Einschränkung der Bewegungsfreiheit haben wir schon erwähnt. Bei dem Typ **C** und **A** ab 27ft gleiten Sofa und Dinette auf Wunsch hydraulisch etwa einen halben Meter nach außen (*Slide-out*) und vergrößern den Lebensraum; in diesem Fall wird aus dem Sofa ein großes Bett quer zur Fahrtrichtung.

Im Gegensatz dazu ist das **Bett im Heck** in der Regel ein feststehendes

Bequemes Bett im Heck (fn)

Doppelbett an der Seiten- oder Rück-wand (Double), das für die Nacht oder den Mittagsschlaf nicht umgebaut wer-den muss. Es hat oft einen Vorhang, mit dem man den Schlafbereich den Blicken von Mitreisenden entziehen kann, wenn man will.

In den großen **C** und **A Class** ab 27ft-Typen und einigen andern Typen ent-steht bei Anordnung von Dusche auf einer Seite und WC auf der anderen ein richtiges Schlaf-"Zimmer" im Heck, manchmal mit getrennten Betten und Nachttisch dazwischen, manchmal mit **King-Size-Bett**, das längs oder quer zur Fahrtrichtung angeordnet sein kann; es ist fast immer von beiden Seiten zugäng-lich (Twin). Der schmale Durchgang wird mit den Türen von Dusche und WC zu einer „Schleuse". Zum WC braucht man dann nur jeweils eine Tür zu öffnen, egal, ob man von vorn oder von hinten kommt. **Stock- oder Etagen-betten** kommen selten vor; sie machen Kindern besonders viel Spaß.

In den *Van Conversions* (**Typ B**) kann ein **Bett unter dem Dach** dergestalt hergerichtet werden, dass man die über die ganze Breite des Wohnteils reichenden Matratzen, die während des Tages zusammengeschoben sind, auseinanderzieht und in Längsrichtung schläft.

Bei den größeren Fahrzeugen dieser Art (*Conversion Van*) ist manchmal genug Platz, dass man quer zur Fahrtrichtung schlafen kann. In diesen Fahr-zeugen kann man auch Einzelbetten „bauen" aus einem umgedrehten **Sitz des Fahrerhauses** und dem zur Sitzgruppe gehörenden Sessel; manchmal gibt es zwei solche Betten, die mit 1,70 - 1,85 m Länge und 60 - 65 cm Breite aber für Erwachsene nur sehr bedingt ausreichen.

Beim VW in der Winnebago-Ausführung wird die **hintere Sitzbank** zu einem Doppelbett (Herstellerangabe: 1,88 x 1,09 m) umgeklappt, ein zweites gleich großes Bett liegt unter dem Hubdach, das nach drei Seiten hin belüftet werden kann; Fliegendrahtsicherungen sind vorhanden. (Werden bei Vermietern nur noch ganz selten angeboten.)

Küche und Wohnzimmer

Die Küche ist in der Regel gut ausgestattet und lässt weder für Hausfrau noch Hobbykoch Wünsche offen, solange in der Campingausstattung alles vorhanden ist, was der Koch braucht.

Der **Herd** hat zwei, drei oder vier Propangasflammen je nach Wohnmobilgröße und Vermieter. Er hat gelegentlich eine zentrale Zündflamme. Achtung: Sie muss immer brennen, wenn der Herd benutzt werden soll, sonst könnte Gas ausströmen! Sie darf nicht während der Fahrt brennen!

Gezündet werden die Brenner mit einem Streichholz oder, wenn es der Vermieter gut mit Ihnen meint, mit einem

Die Küche lässt in der Regel keine Wünsche offen (fn)

batteriebetriebenen Gasanzünder. Inzwischen gibt es auch automatische Zündungen. Anders als bei unseren Gasherden kann man die Gaszufuhr nicht bis zum Anschlag auf „klein" drehen. Daran muss man sich gewöhnen: Die „klein" eingestellte Flamme geht leicht aus!

Die strengen nordamerikanischen Sicherheitsvorschriften verlangen das Vorhandensein eines **Gaswarngeräts** oder Propangas-Detektors. Weil Gas schwerer ist als Luft, ist dieses elektronische Gerät in Bodennähe angebracht. Sie sollten sich den Gebrauch des Geräts erklären lassen und auch fragen, was zu tun ist, wenn der Alarm ausgelöst wird. Wir haben mehrfach „falschen Alarm" erlebt, der vielleicht ausgelöst wurde durch Abgas, Stromstöße beim

Einschalten des Motors oder Generators - wir wissen es nicht. Manche Geräte warnen nicht nur, sondern unterbrechen den Propanzufluss.

Wenn die „Gefahr" beseitigt ist, muss der Kühlschrank möglicherweise wieder eingeschaltet werden. Wenn das Gerät nicht schrill, sondern schwach und langsam pfeift, dann kann die Spannung in der Haushaltsbatterie (normalerweise 12 V) unter 10,5 V gesunken sein - ein Signal, die Batterie aufzuladen, entweder durch Fahren oder am Stromanschluss.

In aller Regel ist, abgesehen von kleinen **Pickup-Campern**, kleinen **Van Conversions** (Typ 17ft - 18ft) und **Campern** (Class B), ein **Backofen** vorhanden, der leicht bedient werden kann. Er wird mit einem Streichholz gezündet, solange der Temperaturwählknopf auf *Pilot* steht und gedrückt gehalten wird. Wenn die Brenner unter dem Bodenblech gezündet sind, kann die Temperatur eingestellt werden; sie ist Thermostat-geregelt. Die Zahlen auf dem Temperaturwähler sind in den USA in Fahrenheitgraden, in Kanada überwiegend in Celsius-Graden angegeben.

Über vielen Herden gibt es eine **Dunstabzugshaube** mit ein- oder mehrstufigem Gebläse und einer Lampe.

Viele Wohnmobile verfügen über ein **Mikrowellengerät**, das man zum Auftauen von Tiefkühlkost oder für schnelle Gerichte benutzen kann. Das gilt allerdings nur, wenn das Wohnmobil an das Stromnetz angeschlossen ist oder wenn der bordeigene - falls vorhanden - Generator läuft. Fragen Sie den Vermieter, welches Geschirr Sie in der Mikrowelle benutzen dürfen, denn nicht jede Tasse oder Schüssel aus Plastik hält der Hitze stand - Metalltöpfe dürfen überhaupt nicht in die Mikrowelle.

Ein anderes Modell, auch mit Herd, Backofen, Mikrowelle, Kühl- und Gefrierschrank (fn)

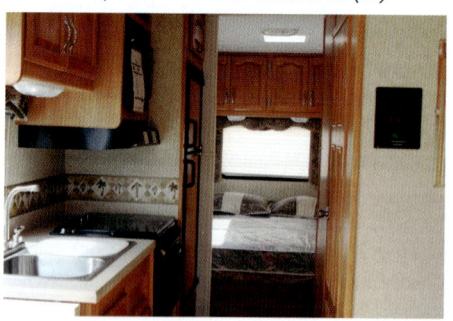

Der **Kühlschrank** in Fahrzeugen, die für mehr als zwei Personen geeignet sind, ist groß genug für eine vierköpfige Familie; er hat auch in der Regel ein passables Tiefkühlfach. Bei kleinen Wohnmobilen ist das **Tiefkühlfach** in den Kühlschrank integriert, bei größeren meist separat zu öffnen. Der Kühlschrank arbeitet nach dem Absorberprinzip (im Gegensatz zum normalen Haushaltskühlschrank, der einen Kompressor hat). Er läuft während der meisten Zeit auf Propan: auf dem Campingplatz und auch während der Fahrt, was nicht verboten ist.

Voraussetzung für einen einwandfreien Betrieb des Absorberkühlschranks ist eine möglichst horizontale Ausrichtung des Wohnmobils auf dem Campingplatz. Während der Fahrt funktioniert die Kühlung problemlos, nur im Stehen muss durch *Levelling* die Zirkulation des Kühlsystems sichergestellt werden. Gute Vermieter stellen Unterlegbretter zur Verfügung, auf die man zum Niveauausgleich auffahren kann. Man sollte sie, was schon vorgekommen ist, nicht im Lagerfeuer verheizen!

In manchen Wohnmobilen finden Sie eine kleine Libelle, die anzeigt, ob das Fahrzeug horizontal steht. Wenn die nicht vorhanden ist, können Sie sich mit einer Flasche oder Dose behelfen: Solange sie rollt, müssen Sie noch korrigieren. Auch ein mit Wasser gefülltes Glas leistet gute Dienste.

Beim Betrieb mit 12 Volt während der Fahrt sind früher oft Probleme aufgetreten; wenn man die Umstellung auf Propan vergaß, konnte die Batterie entleert werden. Es gibt schon Kühlschränke, die sich selbsttätig bei Anschluss an das Stromnetz (110 V) von Propan auf Strom umstellen. Der VW in Winnebago-Ausführung hat kein Tiefkühlfach, die *Pickup-Camper* mit Allradantrieb haben statt des Kühlschranks nur eine Kühlbox, für die man Eis kaufen muss.

Gegen den Betrieb des Kühlschranks mit Propan während der Fahrt ist nichts einzuwenden. Es sind keine Vorschriften bekannt, die das Fahren mit Propanbetrieb des Kühlschranks verbieten. Verboten ist hingegen, die Warmwasserbereitung während der Fahrt mit Propan zu betreiben.

Wichtig: **Vor dem Tanken** ist die Propanzufuhr zu allen Geräten abzustellen; nach dem Tanken darf man nicht vergessen, den Kühlschrank in sicherem Abstand zu den Zapfsäulen wieder einzuschalten. Auf **Fähren** darf der Kühlschrank nicht betrieben werden; er wird versiegelt.

Einige Vermieter verbieten die Aufbewahrung von **Fisch im Kühlschrank**, weil der Geruch oft nur schwer oder überhaupt nicht zu beseitigen ist. Angler sollten sich darüber mit dem Vermieter unterhalten und notfalls für ein paar Dollar eine Kühlbox aus Styropor kaufen; das Eis zum Kühlen kann man in Beuteln im Supermarkt, an Tankstellen und auf Campingplätzen kaufen.

Die Spüle ist meistens aus Edelstahl und als **Doppelspüle** eingebaut. Kleinere Wohnmobile haben oft nur eine einfache Spüle. Zur Spüle gehört oft ein Deckel aus Holz, der als Schneidebrett gedacht ist und auch in diesem Sinn benutzt werden sollte, weil sonst die Küchentheke Schaden nehmen könnte. Das Wasser wird mit Propan geheizt, was einige Zeit in Anspruch nimmt. Deshalb haben wir zum Spülen in den meisten Fällen nicht die **Warmwasserversorgung**, sondern den Wasserkessel benutzt. In den meisten Wohnmobilen ist eine elektrische Wasserpumpe eingebaut, die bei Anschluss an die Wasserleitung auf dem Campingplatz abgeschaltet werden muss.

Manche Vermieter haben in ihre Wohnmobile **Gewürzhalter** einbauen lassen. In einer Schublade findet man den Besteckkasten, in einer anderen Taschenlampe, Streichhölzer, Koch- oder Brotmesser und ähnlich nützliche Dinge.

Der **Stauraum** hat die erfreuliche Tendenz, dass er größer wird, je länger die Reise dauert. Da gibt es nicht nur Fächer und Schränke, sondern auch häufig Raum unter zumindest einem Sitz der Dinette (unter dem anderen ist oft der Frischwassertank untergebracht), ganz abgesehen von den Fächern, die von außen zugänglich sind. Gegen das Verrutschen der Vorräte kann man sich mit „Raumteilern" schützen, indem man leere Kartons aus den Supermärkten mitnimmt und in die Schränke einpasst.

Für einen Campingurlaub wünscht sich jeder mit Recht gutes Wetter, sodass man draußen die Natur genießen kann und nur im Notfall das **Wohnzimmer** braucht. Es besteht im Wesentlichen aus der schon erwähnten, Dinette genannten, Bank-Tisch-Kombination an der Seite oder im Heck des Wohnmobils. Größere Wohnmobile wie etwa **große C** und **A Typen** oder die **A Bus-Modelle** haben einen oder zwei Drehsessel (*Swivel chairs*) hinter dem

Beifahrer-Sitz, sodass sich eine komfortable Runde bilden lässt. Manchmal ist auch zumindest einer der beiden Sitze im Fahrerhaus drehbar. Bei den *Van Conversions* lassen sich die Frontsitze nicht nur drehen, sondern bilden auch die Grundlage für schmale Betten (☞ Schlafzimmer, S. 61).

Die gedrehten Sitze des Fahrerhauses erweitern die Sitzgruppe im Class-A-Modell (fn)

Fast alle Wohnmobile haben eine **Heizung**, die mit Propan betrieben wird. Es ist eine Umluftheizung mit manchmal etwas lautem Gebläse, das sich entsprechend der Thermostat-Regelung ein- oder ausschaltet. Der Thermostat hängt an der Wand, hat einen Ein-/Ausschalter und eine Einstellmöglichkeit für die Temperatur; er springt nicht sofort nach dem Einschalten an.

Bei *Motorhomes* gibt es Auslässe für die erwärmte Luft im Wohnbereich, im Schlafzimmer und in der Nasszelle; sie sind drehbar und sollten nicht zugestellt werden. Grundsätzlich ist darauf zu achten, dass bei laufender Heizung die **Frischluftzufuhr** gewährleistet ist, d.h. ein Fenster oder eine Dachluke muss ein wenig geöffnet sein.

Als **Bodenbelag** gibt es, besonders bei amerikanischen Vermietern, häufig Teppich, der zum Schutz mit Plastikfolie belegt sein kann. Das ist nicht schön, schlecht sauber zu halten und auch weniger hygienisch als ein Linol- oder PVC-Belag, den die meisten kanadischen Vermieter bevorzugen. Zum Verkauf des Wohnmobils nach Ende der Vermietung an Touristen werden die Teppiche dann wieder eingelegt oder -geklebt. Staubsauger werden nicht vermietet, können aber an etlichen Tankstellen ausgeliehen werden.

Die **Fenster** sind in der Regel groß und, soweit sie sich öffnen lassen (abgesehen von den Kurbelfenstern im Fahrerhaus), mit **Fliegendraht** gesichert.

Dasselbe gilt auch für die **Dachluken**, die mittels Drehgriff aufgestellt werden können und vor der Abfahrt vom Campingplatz geschlossen oder zumindest so weit heruntergedreht werden müssen, dass sie vom Fahrtwind nicht abgerissen werden. Motorhomes, *Fifth Wheels* und viele *Pickup-Camper* haben an der Tür zum Wohnbereich eine zusätzliche Fliegendrahttür.

Die Fenster im Küchen- und Wohnbereich lassen sich mit **Vorhängen** oder Jalousien gegen Blicke von außen schließen. Das Fahrerhaus in *Motorhomes* **Typ B, C und A** und in *Van Conversions* aller Art wird mit einem Vorhang abgeschlossen, der auf einer Schiene läuft oder mittels Haken und/oder Klettverschlüssen befestigt wird.

Besonders in der Nähe von stehenden Gewässern möchte man auf Fliegengitter nicht verzichten (📷 www.fraserway.com)

Konstruktionsbedingt haben fast alle Wohnmobile außer der Fahrer- und Beifahrertür auch noch einen direkten Zugang zum Wohnbereich von außen; die stabile **Tür** hat eine zweite leichtere mit Fliegendraht, die eine großflächige Lüftung erlaubt. Aber es gibt ein paar Ausnahmen von dieser Regel: 1. Die

A Modelle haben meistens **nur** die Tür zum Wohnbereich und keine Fahrer- oder Beifahrertür. Da kann man Sicherheitsbedenken anmelden, denn bei einem Unfall kommen mehrere Passagiere schneller aus drei Türen heraus als aus einer. Bei den *Van Conversions* (**Typen B**) und bei den Volkswagen-Campern gibt es keinen Fliegendrahtschutz an den seitlichen Schiebetüren.

Die *Camper* und *Motorhomes* sind so hoch gebaut, dass man für den Einstieg durch die Wohnbereichstür eine **Treppe** braucht. Bei den Pickups ist sie nicht immer fest eingebaut, manchmal wird sie in einem der Staufächer außen in zusammengeschobenem Zustand verwahrt, bis sie gebraucht wird. *Motorhomes* haben eine Falttreppe, die während der Fahrt weggeklappt werden muss, weil sonst die Bodenfreiheit beeinträchtigt ist und das Metallteil über das Fahrzeug hinausragt. In den komfortablen **C und A-Typen** gibt es häufig Treppen, die automatisch ausfahren und auch wieder einziehen.

Jeder Reiseteilnehmer sollte die Verantwortung für bestimmte Tätigkeiten übernehmen: der eine für die Dachluken, der andere für die Treppe usw., damit sich nicht jeder darauf verlässt, dass irgendwer schon für Ordnung und Sicherheit sorgt. Hilfreich kann auch eine Checkliste sein, die vor jeder Abfahrt vom jeweiligen Stellplatz durchgegangen wird.

Die Wohnmobile haben, oft in der gleichen Lampe, sowohl 12-Volt- als auch 110-Volt-Glühbirnen oder -Leuchtstoffröhren. Wenn ein Transformator (*Converter*) im Fahrzeug vorhanden ist, werden auch die 12-V-Lampen und -Geräte (z.B. Dunsthaube) bei Anschluss an das Stromnetz betrieben; die Batterie wird dann nicht in Anspruch genommen.

Viele *Motorhomes*, *Fifth Wheels*, einige *Pickup-Camper* (besonders in den USA) und größere *Van Conversions* haben zusätzlich zu *Dash Air* im Armaturenbrett eine **Klimaanlage** auf dem Dach, die mit Netzstrom betrieben wird und den Wohnbereich kühlt.

Auf Campingplätzen ohne Stromanschluss oder während der Fahrt kann man diese Klimaanlage (*Roof Air*) nur betreiben, wenn im Fahrzeug ein **Generator** eingebaut ist, der Strom von 110 Volt mittels eines Benzinmotors erzeugt (☞ Abschnitt Basisfahrzeug, S. 54).

Nasszelle und Tanks

Nicht alle Wohnmobile verfügen über Dusche und WC. *Pickup-Camper* haben manchmal nur eine **Nottoilette**. Wenn eine Nasszelle vorhanden ist, dann bestimmt die Fahrzeuggröße auch deren Ausmaße und Einrichtung.

Als Minimum anzusehen ist die **Kombination aus WC und Dusche**: Das Duschwasser fließt über das (geschlossene) WC, ein Duschvorhang schützt die Tür und hält das Wasser in der Wanne, die so groß wie der ganze Raum ist. In einem solchen Raum ist kaum Platz für ein Handwaschbecken und ein Wandschränkchen. Die Handbrause kann an einer Halterung befestigt werden; sie hat oft einen Druckknopf, der das Wasser stoppt. So kann man sparsam mit dem kostbaren Nass umgehen. Diese Kombination kommt nur bei kleinen *Pickup-Campern* und *Van Conversions* vor.

In einer geräumigeren Nasszelle hat die Dusche eine eigene **Wanne mit Vorhang** oder fester Tür, sodass das WC nicht durch das Duschwasser nass wird. So bleibt auch der Fußboden trocken, und man trägt die Nässe nicht in

Bad mit separater Dusche (fn)

den Wohnbereich oder den Dreck mit den Schuhen in die Dusche. Ein Handwaschbecken und ein kleiner Wandschrank sind in einer solchen Nasszelle Standard.

Komfortabel wird es in den Wohnmobilen vom **Typ C und A** ab 27ft wodurch die schon erwähnte räumliche **Trennung von Dusche und WC** mit Spiegelschrank und Waschbecken, unter dem die Chemikalien für das WC und die Ersatzrollen Toilettenpapier Platz finden.

Das **Duschwasser** wird von einer Propanheizung erwärmt, die von innen

Was ein Wohnmobil ausmacht

eingeschaltet wird oder von außen zugänglich ist und mit einem Stro
gezündet wird. Ähnlich wie beim Backofen muss man den Tempera
knopf von **Off** auf **Pilot** drehen, ihn gedrückt halten und die Zündflamme mit
einem Streichholz anzünden. Nach kurzer Zeit springt die Heizung an, und
man kann den Thermostat auf die gewünschte Temperatur einstellen. Der
Warmwassertank ist nicht sehr groß - Duschorgien sind so kaum möglich;
aber das hat auch sein Gutes: So lernt der Zivilisationsmensch, mit wie wenig
Wasser er auskommen kann, wenn er nicht gedankenlos den Hahn aufdreht.

Der Warmwassertank wird bei jedem
Auffüllen des **Frischwassertanks** automatisch gefüllt. Je nach Wohnmobilgröße
und Zahl der Reisenden ist das Auffüllen
alle zwei bis drei Tage notwendig. Da
alles Wasser, das ein Wohnmobil tankt,
auch im Wohnmobil gesammelt wird
(das Ablassen des Tankinhalts in der
Natur ist nicht nur verboten, sondern
auch ein verwerflicher Akt der Umwelt-
verschmutzung), ergibt sich zwangsläufig, dass *Dumping* und Nachfüllen zur
gleichen Zeit erfolgen. Der Frischwassertank sollte nicht völlig leer werden,
weil sonst nach dem Füllen die Pumpe
ausfallen könnte.

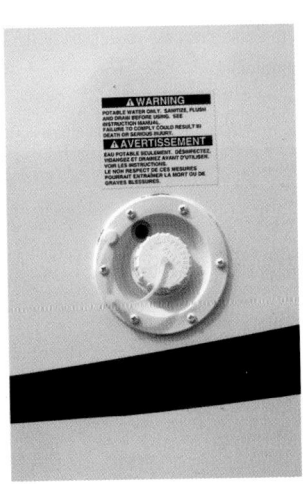

Frischwassereinfüllstutzen (fn)

Trotz der Warnungen vor evtl. nicht einwandfreiem Trinkwasser auf *Campgrounds* gibt es keine allgemeinen Empfehlungen, das als *Drinking Water*
ausgewiesene Wasser abzukochen. Nordamerikanisches Leitungswasser ist
meist so stark gechlort, dass es keimfrei und nach Chlor riechend aus den
Leitungen kommt.

Überall im Sommer oder in den „heißen" Staaten der USA kann jedoch
das Wasser bei tagelanger Aufbewahrung im Wohnmobiltank verkeimen. Ver-
brauchen Sie das Wasser also zügig.

Nur noch in kleinen und primitiven Campern mit Allradantrieb kann es für das Frischwasser eine **Handpumpe** an der einfachen Spüle geben. Wenn nur ein tragbarer Wasserbehälter vorhanden ist, gibt es überhaupt keine Pumpe. Bessere Wohnmobile haben eine **elektrische Wasserpumpe**, die Spüle, Dusche und WC versorgt. Sie sollte während des Fahrens abgeschaltet sein und besonders dann, wenn das Wohnmobil mittels Schlauch an die Wasserversorgung des Campingplatzes angeschlossen ist (*Hook-up*).

Weil der Wasserdruck im Netz oft sehr hoch ist und Rohrleitungen aus Plastik im Wohnmobil undicht werden könnten, sollten Sie den Wasserhahn am Anschluss nie weiter als nötig öffnen, denn Druckminderer sind nicht eingebaut.

Schmutzwasserauslass (Gray Water) (fn)

Auslass der Toilette (Black Water) (fn)

Korrekte Vermieter demonstrieren, dass die **Auffangtanks** leer sind, indem sie die Ventile bei Wohnmobilübergabe offen lassen. Sollte das nicht so gehandhabt werden, dann lassen sich clevere Mieter die Tanks zur Demonstration öffnen. Wenn sie nicht leer sein sollten, sieht der Angestellte des Vermieters nicht gut aus.

Merken Sie sich, welcher der **Schmutzwassertank** (*Gray water tank*) und welcher der **WC-Tank** (*Black water tank*) ist. Der WC-Tank sollte zuerst geleert werden, damit das

Wasser aus Küche und Dusche die Rohre anschließend nachspülen k
besten markiert man am Monitor mit einem Klebe-Etikett (sollte man ...
bei sich haben), welcher Tank welchen Inhalt hat und ob die Auslassventile
links oder rechts sind. Gelegentlich ist der WC-Tank an dem dickeren Rohr
zu erkennen.

Seit einiger Zeit geben gewissenhafte Vermieter **Gummihandschuhe** in die
Fahrzeuge, die den Umgang mit den Abwassereinrichtungen angenehmer
machen und den Kontakt der Chemikalien mit der Haut verhindern.

Entleert werden die
Tanks an *Dumping
Stations* oder *Sani Stations* auf Campingplätzen, gelegentlich an
Tankstellen oder bei
städtischen Einrichtungen. Dazu wird der in
der hinteren Stoßstange oder einem Fach an
der Wohnmobilseite
verwahrte Abwasserschlauch (*Sewer hose*)

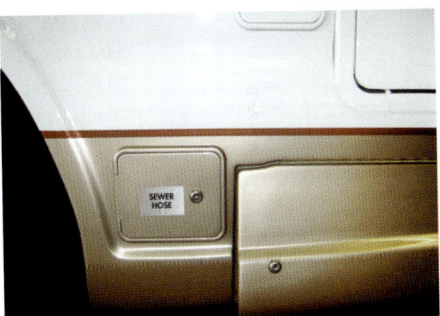

*Hinter der linken kleinen Klappe befindet sich
der Abwasserschlauch (fn)*

mittels Bajonettverschluss an den Ablassstutzen angeschlossen, das freie
Ende ca. 15 cm tief in die Öffnung der Kanalisation gesteckt und mit einem
Stein - liegt oft bereit - oder dem Fuß fixiert. Nach dem Entleeren sollte der
WC-Tank nachgespült werden; anschließend gibt man die WC-Chemikalien
und 10 bis 15 l Wasser hinein, was nicht nur zur Verhinderung übler Gerüche sehr wichtig ist, sondern auch, um keine Rückstände im Tank zu behalten.

Kleine Wohnmobile, wie z.B. VW Camper haben manchmal keinen Auffangtank für das Schmutzwasser, sondern nur einen Auslass, unter den man
zum Auffangen des Wassers einen **Eimer** stellt: Man lässt das Wasser nicht
„einfach so" davonlaufen!

Das Kontrollpaneel (fn)

Viele Wohnmobile haben ein Kontrollpaneel, das **Monitor** genannt wird. Der **Monitor** zeigt den Ladezustand der Batterie(n) und den Inhalt der verschiedenen Tanks an, was er aber oft nicht völlig korrekt tut.

Während es für Frisch- und Schmutzwasser keine andere Anzeige als den Monitor gibt, kann man sich beim **WC-Tank** behelfen, wenn der Monitor ausfällt oder offensichtlich lügt: Man öffnet das WC-Becken so, wie wenn man spülte (am besten bei abgeschalteter Wasserpumpe) und leuchtet mit der Taschenlampe in den Tank; dann sieht man den Füllzustand. Wenn die Sensoren im WC-Tank mit Schmutz bedeckt sind und deshalb nicht korrekt anzeigen, empfiehlt ein Vermieter, etwas Spülmittel und reichlich Wasser in den Tank zu füllen; die Bewegungen bei der Fahrt können dann die Verunreinigung lösen.

Nur spezielles **Toilettenpapier** (1-lagig) darf verwandt werden, nicht einmal Papiertaschentücher gehören in die Toilette. Speiseabfälle, Fett und feste Gegenstände erst recht nicht, weil sie sich nicht auflösen und Verstopfungen oder Fehlanzeigen des *Monitors* verursachen können. Wenn man Toilettenpapier nachkaufen muss, sollte man dies auf einem Campingplatz tun, denn dort gibt es das richtige eher als im Supermarkt.

Alte Hasen geben das benutzte Toilettenpapier gar nicht erst ins Becken, sondern in eine extra Mülltüte (wie man es aus südeuropäischen Ländern kennt) und entsorgt diese regelmäßig im nornmalen Restmüll.

Während der Fahrt muss die Auslassöffnung des Abwassersystems mit einer **Verschlusskappe** geschlossen sein. Wenn es, was gelegentlich vorkommt, nur einen einzigen Hebel zum Öffnen der Tanks gibt oder der Schmutzwassertank zu voll ist, dann kann der Tankinhalt in die Duschwanne zurückgedrückt werden. Das ist besonders schlimm, wenn man in der Dusch-wanne vorübergehend etwas „geparkt" hat: Wir wissen von Kleidern und Geburtstagstorten, die durch den Konstruktionsfehler unbrauchbar wurden.

In neueren Modellen der gehobenen Kategorien **C und A** wird der Füllzu-stand des **Propantanks** auch am *Monitor* angezeigt, sonst nur am Manome-ter, das neben dem Einfüllstutzen angebracht ist. *Pickup-Camper* und *Van Conversions* haben einen oder zwei Propanbehälter von 20 Pfund ohne Anzeige, neuere Modelle einen Tank mit Manometer. Motorhomes verfügen über einen größeren Tank mit ca. 50 Liter Fassungsvermögen, Anzeige des Inhalts am Manometer oder Monitor.

Stauraum

Je größer das Wohnmobil, desto größer sind die Stauräume innerhalb der „Wohnung" besonders die von außen zugänglichen Fächer. Am wenigsten Stauraum gibt es in den Van Conversions, weil deren Einrichtung zur best-möglichen Nutzung mit viel mehr Bedacht erfolgen muss als die großer Motorhomes. Das sollte man beim Kofferpacken zu Hause bedenken: Lieber einmal unterwegs waschen, als zu viel Kleidung mitzunehmen. Lieber Reise-taschen als Schalenkoffer.

In den **C** und **A-Typen**, also den Alkoven-*Motorhomes* und den *Pickup-Campern*, haben wir Schuhe z.B. immer unter einer Sitzbank der Dinette ver-staut (unter der anderen lag regelmäßig der Wassertank). Auch die Vorräte an Mineralwasser, Bier, Kartoffeln und Gemüse sind dort gut aufgehoben.

Die Hängeschränke über Küche, Dinette, Sofa und dem Doppelbett im Heck sind geräumig, aber zu wenig unterteilt. Sie haben oft bei etwa einem halben Meter Höhe keinen Zwischenboden. Da helfen stabile Kartons aus dem Supermarkt, die man in die Fächer einsetzen kann, um dem Chaos infolge der Fliehkraft vorzubeugen und Scherben zu vermeiden. Schwere Gegenstände sollten möglichst tief gelagert werden, damit der Schwerpunkt des Wohnmo-bils nicht unnötig nach oben gerückt wird.

Die Staufächer, die von außen zugänglich sind, können verschlossen wer-den. Einige sind groß genug, Hartschalenkoffer unterzubringen, was praktisch ist wenn man eine Einwegtour gebucht hat oder sein Gepäck während der Reise nicht beim Vermieter lagert. Klappstühle, Putzeimer und Besen, die Axt und der Wasserschlauch werden am besten „draußen" untergebracht, solange sie nicht gebraucht werden. Das Stromkabel hat ein eigenes, ebenfalls verschließbares Fach, der Abwasserschlauch wird entweder in der hinteren Stoßstange oder - und dann ist er oft recht kurz - in einem Fach auf der Wohnmobilseite untergebracht.

Besonderheiten

Manche Motorhomes haben eine **Leiter** am Heck zum Dach, das sich als „Hochsitz" zum Fotografieren und Filmen eignet. Schäden am Dach sind jedoch von der Kaskoversicherung nicht gedeckt, werden also teuer und können einen Urlaub ruinieren.

Einige Wohnmobile sind mit einer **Außendusche** versehen: Eine Handbrause lässt sich aus einem verschlossenen Fach an der Seite herausziehen und wie eine „normale" Dusche benutzen. Das kann sinnvoll sein, wenn man vom Baden kommt und den Sand abspülen möchte. Auch wenn Kinder nach dem Spielen mit Elternhilfe gewaschen werden sollen ist sie praktisch, denn die „normale" Dusche ist in allen Fahrzeugen recht eng. Nicht bei allen Vermietern ist die Außendusche an das Warmwassersystem angeschlossen.

Es gibt Vermieter, die ihre Motorhomes grundsätzlich oder gelegentlich mit **Markisen** ausrüsten. Damit kann man sich auch in Gegenden, wo es wenig Wald gibt, Schatten machen und das Aufheizen des Wohnmobils durch die Sonne ein wenig mildern.

Wenn Ihnen daran gelegen ist, sollten Sie sich die Markise unbedingt vom Veranstalter bestätigen lassen, der Ihnen die Bestätigung nur dann gibt, wenn er vom Vermieter eine Rückbestätigung erhalten hat.

In den Veranstalterprospekten können Sie erkennen, welcher Vermieter **Fahrräder**, **Mountainbikes** oder **Kanus** zur Miete anbietet. Dafür sollten Sie immer die angebotenen Halterungen mitmieten. Ob es einen Sinn macht, das eigene Rad im Flugzeug mitzunehmen, sei dahingestellt.

Modell	Class A Slide Out 32 - 32 ft	Class C Slide Out 29 - 31 ft	Class C Slide Out 25 - 27 ft	Class C non slide 21- 23 ft
Modell-Jahr	2008-2008	2008-2008	2008-2008	2008-2008
1. Zulassung	2007-2008	2007-2008	2007-2008	2007-2008
Gurte	6	7	6	6
Betten	4-6	6-7	5-6	5-6
Empfohlene Belegung	4	6	5	4
Maschine	V8/V10	V8/V10	V8/V10	V8/V10
Getriebe	Automatik	Automatik	Automatik	Automatik
Tempomat	ja	ja	ja	ja
Radio AM/FM	ja	ja	ja	ja
CD Player	ja	ja	ja	ja
Klimaanlage vorn	ja	ja	ja	ja
Gas-Kochfelder	3	3	3	3
Mikrowelle	ja	ja	ja	ja
Backofen	ja	ja	ja	ja
Kühlschrank	2-wege	2-wege	2-wege	2-wege
Gefrierschrank	ja	ja	ja	ja
Heizung	ja	ja	ja	ja
110-Volt-Anschluss	ja	ja	ja	ja
Klimaanlage Wohnraum	ja	ja	ja	ja
Innendusche	ja	ja	ja	ja
Außendusche	ja	nein	nein	nein
Heißwasser	ja	ja	ja	ja
Waschbecken	ja	ja	ja	ja
Spültoilette	ja	ja	ja	ja
Generator	ja	ja	ja	ja
Markise	ja	ja	ja	ja
Kamera hinten	ja	nein	nein	nein
TV/DVD	ja	ja	nein	nein
Breite außen	259 cm	254 cm	254 cm	254 cm
Höhe außen	375 cm	340 cm	340 cm	340 cm
Alkovenbett	-	218x145 cm	218x145 cm	241x145 cm
Sofa-Bett	170x122 cm	170x102 cm	-	-
Dinette-Bett	173x107 cm	170x107 cm	188x107 cm	178x107 cm
Festbett hinten	190 x152 cm	190x152 cm	203x152 cm	203x140 cm
Tankinhalt Gallonen/Liter	75/285	55/210	22/210	35/130
Liter/100 km	30-45	25-35	25-35	25-35
Frischwassertank	265 l	150 l	210 l	210 l
Schmutzwassertank	210 l	105 l	105 l	140 l
Toilettentank	150 l	105 l	105 l	83 l

Wissenswertes über Nordamerika

Herbert Lake im Banff-Nationalpark in Kanada
(■ www.fraserway.com)

Einführung

In diesem Kapitel haben wir spezielle Informationen für den Wohnmobilurlauber zusammengestellt. Alle anderen Informationen finden Sie in guten Individualreiseführern anhand derer Sie evtuell auch Ihre Route planen sollten.

Codes für Provinzen und Staaten

Die Abkürzungen für zehn Provinzen und drei Territorien in Kanada und 50 Bundesstaaten in USA sind weit verbreitet und werden auch in diesem Buch häufig gebraucht (die kanadischen Provinzen haben wir kursiv gesetzt):

AB	*Alberta*	**MA**	Massachusetts	**OH**	Ohio
AK	Alaska	*MB*	*Manitoba*	**OK**	Oklahoma
AL	Alabama	**MD**	Maryland	*ON*	*Ontario*
AR	Arkansas	**ME**	Maine	**OR**	Oregon
AZ	Arizona	**MI**	Michigan	**PA**	Pennsylvania
BC	*British Columbia*	**MN**	Minnesota	*PE*	*Prince Edward Island*
CA	California	**MO**	Missouri	*PQ*	*Quebec*
CO	Colorado	**MS**	Mississippi	**RI**	Rhode Island
CT	Connecticut	**MT**	Montana	**SC**	South Carolina
DC	District of Columbia	*NB*	*New Brunswick*	**SD**	South Dakota
DE	Delaware	**NC**	North Carolina	*SK*	*Saskatchewan*
FL	Florida	**ND**	North Dakota	**TN**	Tennessee
GA	Georgia	**NE**	Nebraska	**TX**	Texas
HI	Hawaii	*NF*	*Newfoundland*	**UT**	Utah
IA	Iowa	**NH**	New Hampshire	**VA**	Virginia
ID	Idaho	**NJ**	New Jersey	**VT**	Vermont
IL	Illinois	**NM**	New Mexico	**WA**	Washington
IN	Indiana	*NS*	*Nova Scotia*	**WI**	Wisconsin
KS	Kansas	*NT*	*Northwest Territories*	**WV**	West Virginia
KY	Kentucky	*NU*	*Nunavut*	**WY**	Wyoming
LA	Louisiana	**NV**	Nevada	*YT*	*Yukon Territory*
		NY	New York		

Führerschein

Jeder Führerschein, der das Fahren eines Pkw erlaubt, ist ein Jahr lang in Kanada und den USA zum Führen eines Wohnmobils unabhängig von der Größe zugelassen. Das sind die **Führerscheinklassen**: in Deutschland 3, in der ehem. DDR B oder BE, in Österreich B, in der Schweiz Kategorie B oder C. Auf dem neuen Euro-Führerschein im Scheckkartenformat kann statt der deutschen Klasse 3 stehen: B, BE, C1, C1E, L und M, auf Antrag CE mit Beschränkung auf die bisher in Klasse 3 fallenden Züge.

Da in Nordamerika die Gültigkeit der Führerscheine zeitlich begrenzt ist, kommt bei einer etwaigen Verkehrskontrolle die manchmal komische Situation auf, wenn der Polizist nicht weiß oder es sich nicht vorstellen kann, dass ein Führerschein *Indefinitely* gültig ist, also unbegrenzt.

Obwohl in Nordamerika der Führerschein schon mit 16 Jahren erworben werden kann, ist das Führen von Mietfahrzeugen aus Versicherungsgründen erst ab 21 oder 25 Jahren möglich!

Auch dieses Mobil
darf mit dem normalen PKW-Führerschein gefahren werden (fn)

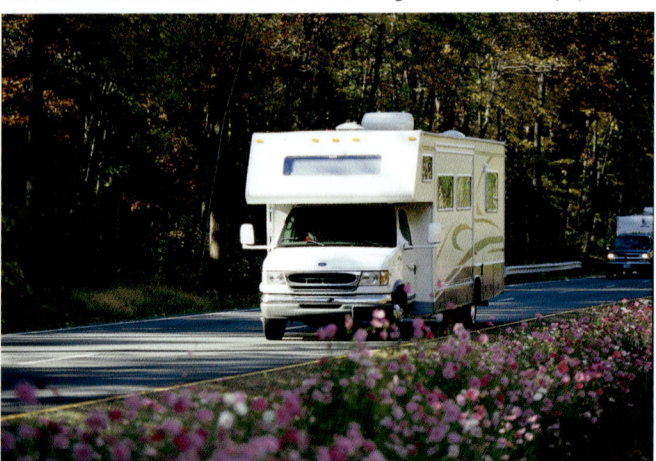

Maße und Gewichte

In den 70er Jahren hat Kanada rigoros auf das metrische System umgestellt. Von einem Tag auf den anderen wurden Temperaturen in den Wetterberichten der Rundfunkanstalten nur noch in Celsiusgraden angegeben, die Schilder für Geschwindigkeitsbegrenzungen wurden ausgetauscht. Inzwischen ist die Umstellung vollständig abgeschlossen, aber viele Kanadier rechnen auch heute noch in gewohnten Maßen.

Die USA haben sich trotz mehrerer Anläufe immer noch nicht zur Umstellung auf das metrische System entschlossen, insofern ist es unvermeidlich, die verschiedenen Maßeinheiten einander gegenüberzustellen. Die Maße für die Küche sind „genormt" und finden sich oft auf Verpackungen und in Rezepten. Die wichtigsten „englischen" bzw. amerikanischen Maßeinheiten und ihre metrischen Entsprechungen sind:

Längenmaße

1 inch (in)		= 2,54 cm
1 foot (ft)	= 12 inches	= 30,48 cm
1 yard (yd)	= 3 feet	= 91,44 cm
1 mile (mi)	= 1.760 yards	= 1.609 m
1 nautical mile (nm)		= 1.852 m

Flächenmaße

1 square inch (sq in)		= 6,4516 cm²
1 square foot (sq ft)	=144 sq in	= 0,0929 m²
1 square yard (sq yd)	= 9 sq ft	= 0,8361 m²
1 acre	= 4.840 sq yd	= 4.046,8 m²
247 acres		= 1 km²
1 square mile	= 259 ha	= 2,59 km²

Hohlmaße (Kanada)

1 fluid ounce (oz)		= 28,412 cm³	
1 pint	= 20 fl oz	= 568,3 cm³	= 0,5683 l
1 quart (qt)	= 2 pints	= 1,1365 l	
1 gallon (gal)	= 4 qt	= 4,5461 l	

Hohlmaße (USA)

1 fluid ounce (oz)		= 29,5729 cm³	
1 US pint		= 473,2 cm³	= 0,4732 l
1 US quart (qt)	= 2 pints	=0,9464 l	
1 US gallon (gal)	= 4 qt	= 3,7854 l	

Gewichte (Kanada und USA)

1 ounce (oz)		= 28,3495 g
1 pound (lb)	= 16 oz	= 0,4536 kg

In der Küche gebräuchliche Maße

1 teaspoon		= 5 g	
1 tablespoon	= 3 teaspoons	= 14 g oder	15 ml in USA
1 ounce (oz)	= 2 tablespoons	= 28 g oder	30 ml in USA
¼ cup	= 4 tablespoons	= 56 g oder	59 ml in USA
1 cup	= 8 oz	= 227 g oder	237 ml in USA
1 quart	= 4 cups	= 2 pounds oder	946 ml in USA

Alkoholgehalt

Volumen-%	0	10	20	30	40	50
Canadian Proof	0	18	35	53	70	88
US Proof	0	20	40	60	80	100

Reifendruck

1 psi (pounds per square inch)	= 0,07 at
1 at	= 14,22 psi

Temperaturen

°C	-20	-10	0	10	20	30	40	50	100	150	200	250
°F	-4	14	32	50	68	84	104	122	212	302	392	482

Celsius in Fahrenheit umrechnen: (C° : 5) x 9 + 32
Fahrenheit in Celsius umrechnen: (F° -32) : 9 x 5

Berechnung des Benzinverbrauchs

Wenn ein Kanadier oder US-Amerikaner seinen Benzinverbrauch nennt, dann tut er das anders als wir: Er gibt die Fahrtstrecke an, die man mit einer Treibstoffeinheit zurücklegen kann (**miles per gallon = mpg**), während bei uns die Angabe **Liter auf 100 km** üblich ist. Beispiel aus der Umrechnungstabelle: Twelve miles to the gallon bedeutet „kanadisch" 23,54 l/100 km, „amerikanisch" 19,60 l/100 km, weil die beiden Gallonen unterschiedlich groß sind Wenn Sie glauben, dass wenigstens Kanada nach der Umstellung auf das metrische System jetzt auch so „denkt" wie wir, dann täuschen Sie sich.

Vergleich der Berechnungsmethoden

Meilen pro Gallone	l/100 km in Kanada	l/100 km in USA		Meilen pro Gallone	l/100 km in Kanada	l/100 km in USA
6	47,08	39,20		16	17,66	14,70
7	40,35	33,60		17	16,62	13,84
8	35,31	29,40		18	15,69	13,07
9	31,39	26,14		19	14,87	12,38
10	28,25	23,52		20	14,12	11,76
11	25,68	21,38		21	13,45	11,20
12	23,54	19,60		22	12,84	10,69
13	21,73	18,09		23	12,28	10,23
14	20,18	16,80		24	11,77	9,80
15	18,83	15,68		25	11,30	9,41

Kleidung

Für die Campingreise ist **sportliche Garderobe** angesagt, die möglichst pflegeleicht sein sollte. Jeans oder waschbare Baumwollhosen, die man auch in der Stadt oder zu einem Restaurantbesuch tragen kann, sind das Richtige. Dazu eignen sich bügelfreie Hemden und Blusen, je nach Jahreszeit leichte oder schwere Pullover, Anorak oder Parka.

Vorbereitung einer Nordamerikareise

Hinweise für die Reise- und Routenplanung

Eine Fahrt ins Blaue kann etwas Wunderschönes sein: Man lässt sich überraschen, was auf einen zukommt, und genießt es, ohne Vorbereitung in den Tag hinein zu leben. Für eine Nordamerikareise ist eine solche Haltung nur bedingt zu empfehlen, bestenfalls ab dem Moment, wenn man das Wohnmobil übernommen hat; dann hat man bis zum Rückgabezeitpunkt alle Freiheit der Welt, das Leben in der Natur zu genießen. Doch bevor man „drüben" ist, sollte man die Reise gründlich vorbereiten. Wir schlagen auch vor, auf Grund der Informationen aus Reiseführern und Karten oder von Freunden und Verwandten, die Erfahrungen gesammelt haben, einen ziemlich präzisen Plan zu erstellen, damit man unterwegs stets weiß, ob man „im Plan" ist, sich verbummeln kann oder Zeit hereinholen muss, um den Rückgabetermin nicht zu versäumen. Sich sklavisch an den Plan zu halten, wäre allerdings falsch, denn das widerspräche dem Wohnmobil und der mit seiner Hilfe gewonnenen Freizügigkeit.

Bei aller Planung ist es wichtig, die Weite des Kontinents nicht zu unterschätzen. Als Faustregel sollte man im Durchschnitt zwischen 100 km und 100 Meilen (160 km) pro Tag einplanen. Dazu einige Erfahrungswerte: Bei einer dreiwöchigen Reise kommen praktisch nur 18 Wohnmobiltage zusammen, weil der erste Tag der Flugtag ist und weil bei Fahrzeugübernahme am Nachmittag und den Einkäufen für die Grundausstattung mit Lebensmitteln vom zweiten Tag nicht viel übrig bleibt. Da das Wohnmobil am 21. Tag gemäß unserem Beispiel zurückgegeben werden muss, und zwar bei allen Vermietern am Vormittag, kann man den auch nicht als vollen Fahrtag rechnen. 18 Tage mit 160 km pro Tag ergeben eine Fahrtstrecke von 2.280 km. Wenn man nur zwei Tage bummelt, vielleicht an einem See angelt und die Seele baumeln lässt, dann muss man rechnerisch an **jedem** der verbleibenden 16 Wohnmobiltage im Schnitt 180 km zurücklegen.

Diese 180 km pro Tag ergeben bei einer angenommenen Durchschnittsgeschwindigkeit von 50 km/h eine reine Fahrzeit von drei bis vier Stunden. Für die Mahlzeiten, Besichtigungen, Wanderungen, Einkäufe und Fotostops braucht man mehr Zeit, als man sich selbst eingesteht. Wenn Sie andere Erfahrungswerte haben und damit zufrieden gereist sind, ist das nicht zu beanstanden.

Wir kennen Urlauber, die im Durchschnitt einer dreiwöchigen Reise **täglich rund 400 km** zurückgelegt und während der Fahrt bei fliegendem Fahrerwechsel ihre Mahlzeiten eingenommen haben. Aber das ist nicht jedermanns Urlaubsstil.

Wichtig ist insbesondere, dass auch die Wohnmobile des besten Vermieters technisch komplexe Geräte sind, die von unterschiedlichen Fahrern benutzt und von unterschiedlichen Mechanikern gewartet werden. Pannen infolge Fehlbehandlung oder wegen Materialfehlern sind nicht auszuschließen. Wenn ein Ersatzteil fehlt und ein Tag verloren geht, kann ein Reiseplan durcheinander geraten und die Reisenden in Stress-Situationen bringen. Damit sollten Sie Ihre Urlaubserholung nicht aufs Spiel setzen.

Fremdenverkehrsämter und ihre Vertretungen

Unter der Internetseite 🖳 www.fremdenverkehrsamt.com finden Sie die Anschriften der Touristeninformationen der einzelnen Staaten/Provinzen in den USA und Kanada. Vor Ort werden Sie beinahe in jedem Ort eine Touristeninformation finden. Die Mitarbeiter geben Ihnen kompetent und in aller Regel sehr freundlich Auskunft (allerdings fast ausschließlich in Englisch).

Automobilclubs als Informationsquellen

Nicht alle deutschen Automobilclubs haben ein Korrespondenz-Abkommen mit den Automobilclubs von Kanada (🆎 🖳 www.caa.com = Canadian Automobile Association) und USA (🆎 🖳 www.aaa.com = American Automobile Association, kurz: Triple A).

Mitglieder der großen deutschen Automobilclubs ADAC und AvD, des österreichischen ÖAMTC und der Schweizer Clubs ACS und TCS können die Dienste der nordamerikanischen Clubs bei Nachweis der Mitgliedschaft in Anspruch nehmen:

▷   **Reiseservice** mit Informationen über Unterkünfte, Sightseeing und Adressen für medizinische und anwaltliche Hilfe; Reiseberatung bezüglich Straßenzustand und Mautgebühren; Tourenberatung und Erstellung von Triptiks (markierte Routenkarten); kostenlose *TourBooks*, Reservierungsservice, z.T. mit Berechnung der anfallenden Gebühren.

▷   **Pannenhilfe** auf den Highways als mechanische erste Hilfe mit kleineren
      Reparaturen (Ersatzteile müssen bezahlt werden); als Abschleppser-
      vice, für den bei größeren Entfernungen (über 5 km oder 3 Meilen)
      Gebühren anfallen; als Reifenservice beim Reifenwechsel; als Batterie-
      service in Form von Starthilfe.

Der AvD listet nur die wichtigsten Adressen der nordamerikanischen
Clubs auf und nennt die Adressen der deutschen Informationsbüros; Touren-
planung bietet der AvD derzeit nur für europäische Reiseziele an.

Am umfassendsten informieren **ADAC** und **ÖAMTC** ihre Mitglieder, die
für die Reise nach Nordamerika eine Bonuskarte mit dem Motto Show Your
Card & Save mit Ermäßigungen bei Dienstleistungsanbietern aller Art
(Hotels, Restaurants, Vergnügungsparks, Zoos, Gärten, Shows und Theatern)
bekommen.
     Diese Karte ermöglicht in Verbindung mit dem Mitgliedsausweis, die
Beratungsdienste des ⊛ und des ⊛ in Anspruch zu nehmen und deren Kar-
ten- und Informationsmaterial zu bekommen. Ein vollständiges Verzeichnis
der ⊛ und ⊛-Büros wird mitgeliefert, sodass man sich das am günstigsten
zum Vermieter oder an der geplanten Route gelegene Büro frühzeitig aussuchen kann.

📖   Darüber hinaus kann man schon vor der Abreise beim ADAC kostenlos TourSets anfordern. ☎ 01 80 51 01 112 (14 Cent/Min. aus dem Fest-
netz der Dt. Telekom).

Seit einigen Jahren werden auch ausgewählte CampBooks kostenlos
angeboten, in denen viele Campgrounds mit Ausstattung, Preis und z.T.
Empfehlung des ⊛ aufgelistet sind.

Der kanadische ⊛ bietet außer Nr. *5 Western Canada and Alaska* noch
die *TourBooks* in englischer und französischer Sprache an, die man in den
⊛-Filialen bekommt:
     Wer nicht Mitglied eines Automobilclubs ist, kann nach Aussage des ⊛
die *TourBooks* nicht einmal käuflich erwerben. Er kann nur eine Karte der

jeweiligen Region zum Preis zwischen $ 2,75 und 4 kaufen; Mitglieder erhalten die Karten und TourBooks (Wert $ 10) kostenlos.

Der ⓐ hat außer den oben genannten Büchern in seinen Informationsbüros *TourBooks* für alle US-Staaten vorrätig.

KOA-Campgrounds

Sie können Ihre Übernachtungen auf den Campgrounds der Kette KOA = *Kampgrounds of America* schon in Deutschland und der Schweiz kostenlos reservieren, wenn Sie für bestimmte Termine einen Platz sicher haben wollen. Die Kette hat etwa 500 Campingplätze in den USA, 40 in Kanada und 5 in Mexico. Sie werden nach vorgegebenen Regeln von privaten Eigentümern im Franchising-System geführt und regelmäßig vom KOA überprüft. Die Campingplatzwarte haben sich nach unseren Erfahrungen immer als freundliche und für die Wohnmobiltechnik kompetente Helfer gezeigt.

Diese Einrichtungen sind Standard: Laden mit Zubehör für Wohnmobile und eine Auswahl an Lebensmitteln, Propangas, Dumping Station, Pullthroughs (das sind Stellplätze, die eine Durchfahrt ohne Rangieren erlauben), Hook-ups für Strom, Frischwasser und überwiegend Kanal-Anschluss (Sewer); die meisten haben auch einen Swimming Pool.

📖   Der KOA Directory - Road Atlas and Camping Guide ist ein Verzeichnis, das
        jedes Jahr neu erscheint und $ 6 für Versandkosten kostet (wird von der Kredit-
        karte abgebucht). Bestellen Sie unter 🖥 www.koa.com

Die Reservierungen können über dieselben Nummern vorgenommen werden. Dafür ist in dem *Directory* ein Formblatt enthalten, das auch in deutscher Sprache erläutert wird. Je Formular (nicht je Campground!) sind allerdings US$ 5 als Bearbeitungsgebühr per Kreditkarte zu entrichten. Ein großes Risiko gehen Sie bei der Reservierung nicht ein, denn Sie können bis 16 Uhr am Tag vor der Anreise die Reservierung für einen Wohnmobil- oder einen Zeltplatz kostenlos stornieren.

KOA bietet den Urlaubern außerdem die kostenlose Value Kard an, die auf den Campgrounds eine Ermäßigung von 10 % gewährleistet. Sie wird von einigen Veranstaltern mit den Reisedokumenten ausgeliefert und gehört auch bei den meisten Vermietern zum Informationspaket.

Dies ist kein KOA-Platz, aber wenn Sie auf Strom und Wasseranschluss verzichten und dafür ein Lagerfeuer bevorzugen, sind Sie auf den Nationalpark-Plätzen, wie hier in Banff/Kanada, gut untergebracht. (dg)

Hinweise für besondere Routen

Es gibt einige Straßen, die nur unter Einschränkungen oder überhaupt nicht mit dem Wohnmobil befahren werden dürfen, und zwar aus unterschiedlichen Gründen. Unter diesem Aspekt sind die Veranstalterprospekte besonders gründlich zu lesen. Einige Beispiele:

▷ Die Vermieter erlauben die Fahrt durch das **Death Valley** (Tal des Todes) zwischen Kalifornien und Nevada nur in der Wintersaison. Im Sommer ist es zu heiß, und wenn ein Wohnmobil liegen bleibt, kommen unverhältnismäßig hohe Kosten auf den Vermieter zu, um das Fahrzeug wieder flott zu machen.

▷ Die meisten Vermieter untersagen die Einreise nach **Mexico** oder erlauben nur die Fahrt auf der Halbinsel Baja California, und das nur

mit Zusatzversicherungen und manchmal bei Ausschluss aller Haf-
tungsgrenzen für den Mieter. Das gleiche gilt für Kanada.

▷   Die Fahrt nach **Alaska**, in das **Yukon Territorium** und die **Northwest
     Territories** wird von vielen Vermietern gänzlich untersagt oder nur mit
     bestimmten Wohnmobiltypen erlaubt, und dann mit zusätzlichen
     Gebühren. Auch wenn der Alaska Highway inzwischen überwiegend
     zu einer breiten Straße mit weiten Kurven ausgebaut und fast durch-
     gängig geteert ist, wollen manche Vermieter ihre Fahrzeuge nicht im
     Norden fahren lassen. Es gibt aber auch Vermieter, die diese Zielge-
     biete ohne Zusatzkosten problemlos, wenn auch nur mit Voranmel-
     dung, erlauben.

▷   Der **Highway 20** in British Columbia von Williams Lake nach Bella
     Coola darf mit den Wohnmobilen einiger Vermieter überhaupt nicht
     oder nur zum Teil befahren werden. Bei diesen Vermietern scheidet
     die Fährpassage entlang der *Discovery Coast* aus (Port Hardy auf
     Vancouver Island - Bella Coola).

*Diesen Highway dürfen Sie benutzen: der Trans Canada Highway - hier
im Banff Nationalpark. Die Brücken sind speziell dafür gebaut worden,
dass die Tiere, die ansonsten durch einen Zaun davon abgehalten
werden, auf die Straße zu laufen, hier die Seite wechseln können. (dg)*

▷   Auf dem **Dempster Highway** gibt es zwischen Dawson City, YT und
     Fort McPherson, NT auf einer Strecke von knapp 600 km nur eine
     Tankstelle in Eagle Plains. Für diese Strecke bieten die Vermieter, die
     die Fahrt dorthin erlauben, gegen Bezahlung und bei vorheriger
     Bestellung an: Reservekanister (*Jerry can*) und zusätzliches Reserverad
     (*Extra spare wheel*). Einige Vermieter erlauben die Fahrt auf dem
     Dempster Highway überhaupt nicht.

▷   **Apache Trail**: Östlich Phoenix (AZ) zweigt der z.T. ungeteerte Apache
     Trail bei Apache Junction vom Highway 60 ab, führt als State Route
     88 zum Roosevelt Lake und trifft den Highway 60 wieder zwischen
     Miami (AZ) und Globe (AZ). Etwa 40 km sind Schotterstrecke, die
     die Vermieter trotz eindrucksvoller Landschaft nicht erlauben.

One-Ways, Überführungsfahrten

Für viele Nordamerikareisende scheint es ein Traum zu sein, dem kanadischen
Wappenspruch „a mari usque ad mare" zu folgen und den Kontinent von
Ozean zu Ozean zu durchqueren. Der **Transcanada Highway** hat von St.
John's (NF) bis Victoria (BC) eine Länge von 7.821 km - ein Programm für
mehr als einen durchschnittlichen Jahresurlaub!

   Da es an beiden Endpunkten des Highways keine Wohnmobile zu mieten
gibt, reduziert sich die Distanz ein wenig auf die Strecke zwischen Halifax
(NS) und Vancouver (BC) aber das macht fast keinen Unterschied, zumal es
Fähren nach Newfoundland und Vancouver Island gibt.

☹   Gegen Einwegmieten sprechen leider ein paar Argumente:

▷   Die Vermieter berechnen stets eine happige „Rückführungsgebühr",
     selbst wenn das Wohnmobil nach einer Einwegtour vom nächsten
     Mieter wieder zu seiner eigenen Station zurückgebracht wird. Das
     verstehen zwar beide Mieter nicht, aber damit müssen sie sich abfinden
     denn das ist so kalkuliert und ausgeschrieben.

▷   Es ist nicht auszuschließen, dass der Vermieter eher die älteren und
     nicht ganz einwandfreien Fahrzeuge auf die Reise zu einer anderen
     Station schickt.

▷ Die Gepäckstücke müssen auf die Fahrt mitgenommen werden. Besonders bei kleineren Wohnmobilen ist es sinnvoll, statt der Hartschalenkoffer mit Seesack, Rucksack und/oder Taschen zu reisen, weil diese in leerem Zustand weniger Platz benötigen.

Auch in den USA kann man bei einigen Vermietern zwischen Ost- und Westküste oder auch über kürzere Entfernungen *One-way* reisen. Grenzüberschreitende Einwegfahrten zwischen Kanada und den USA werden nicht angeboten, weil das Wohnmobil aus dem jeweiligen „Ausland" nicht vermietet werden darf. Daran zeigt sich, dass die „Rückführungspauschale" eigentlich gar keine ist, sondern eine Entschädigung des Vermieters für eine evtl. geringere Ausnutzung des Wohnmobils.

Einwegmieten sind stets bei der Buchung anzufordern und müssen bestätigt werden. Es stehen manchmal nur bestimmte Fahrzeugtypen zur Verfügung, stets nur ein begrenzter Teil der Flotte, weil Einwegfahrten die Flexibilität der Einsatzplanung beeinträchtigen. Die Mehrheit der Veranstalter nennt die an den Vermieter zu zahlenden Gebühren, zu denen die örtlichen Steuern kommen, in Dollar.

✋ Wir raten dringend davon ab, zur Vermeidung von Einweggebühren und zum Ausnutzen von Langzeitrabatten auf eigene Faust Einwegtouren zu organisieren, z.B. dass Familie Müller das Wohnmobil von A nach B fährt, Familie Meier von dort nach A zurück. Da jeder Fahrer beim Vermieter den Vertrag unterschreiben muss, wäre ein solches Verhalten ein Vertragsbruch mit möglichen rechtlichen Folgen, zumindest würde bei einem Schaden die Haftungsbegrenzung in der Kaskoversicherung entfallen, und der Mieter wäre für alle Schäden in voller Höhe verantwortlich. Möglicherweise könnte sich auch die Haftpflichtversicherung aus der Verantwortung ziehen.

Wie bei vielem im Leben ist es Geschmackssache, ob man den Eindruck der Weite „erfahren" muss, denn es gibt große Strecken in der Prärie mit unendlichen Getreidefeldern und einem niedrigen Horizont, über den als „Höhepunkte" die *Grain Elevators* (Getreidesilos) ragen. Auch die legendäre **Route 66** von Chicago nach Los Angeles existiert nicht mehr in voller Länge infolge von Streckenneubauten. Anders ist es, wenn man mit wenig Zeit auskommen muss und vielleicht nur entlang der Pazifikküste von Los Angeles nach Seattle fahren will, wobei rund 2.000 km zusammenkommen, also ein Pensum für zwei Wochen. Aber in der Regel nehmen sich die Urlauber mindestens drei Wochen Zeit für eine Wohnmobilreise, sonst hätten die Flugkosten allein schon einen zu hohen Anteil an den gesamten Reisekosten.

Ausreichend Zeit für eine kleine Rast sollte immer eingeplant sein
(⚫ www.fraserway.com)

☺   Eine besondere Ausprägung der Einwegfahrten sind die **Überführungsfahrten**, die gelegentlich zum Saisonbeginn und Saisonende angeboten werden. Weil diese One-ways im Sinne des Vermieters sind, bietet er sie zu günstigen Konditionen an. Der Mieter muss aber auch mit unsicherem Wetter rechnen und ist auf die ausgeschriebenen Termine und den Start- bzw. Zielort festgelegt.

☺   Wenn Sie die Zeit im Frühjahr oder Herbst haben oder sich nehmen, können Sie ein Schnäppchen machen und eine Reise ohne viel Tourismus erleben: Achten Sie deshalb auf Sonderangebote wie *Three-for-one*: drei Wochen mieten und eine Woche „bezahlen".

Wohnmobile in den Prospekten der Reiseveranstalter

Einführung

„Wer die Wahl hat, hat die Qual" - dieses geflügelte Wort gilt auch und vielleicht sogar ganz besonders für die Wahl des Reiseveranstalters, aus dessen Programm man sein Wohnmobil bucht. Wenn man nicht zu den zufriedenen „Wiederholungstätern" gehört oder von Freunden und Verwandten eine Empfehlung bekommt, lässt einen die Vielfalt der Angebote fast verzweifeln. Außerdem haben bei der großen Zahl von Leistungsbestandteilen, die eine Wohnmobilreise ausmachen, die Veranstalter individuelle, oft schwer vergleichbare Darstellungen in ihren Prospekten oder Katalogen.

Es ist durchaus legitim, dass jeder Veranstalter sein Programm so attraktiv machen möchte, wie es geht. Der Urlauber muss lernen, die unterschiedlichen Leistungen zu vergleichen, auf das nicht Gesagte zu achten und zwischen den Zeilen zu lesen. Dabei wollen wir ein wenig helfen.

Veranstalter: Es gibt solche und solche

Wie wichtig die Wohnmobilangebote in den Prospekten oder Katalogen der Reiseveranstalter genommen werden, zeigt nicht nur der eigene Prospekt, sondern auch der Versuch in der Angebotsübersicht des kanadischen Fremdenverkehrsamtes prominent in Erscheinung zu treten. Es gibt mehr als ein Dutzend Veranstalter, die Wohnmobile in Provinzen oder Territorien anbieten, in denen es überhaupt keine zu mieten gibt (NT, SK, PE, NB, NF). Da wurden einfach **alle** Provinzen und Territorien im Fragebogen angekreuzt, und niemand hat sich die Mühe gemacht, die Angaben zu prüfen.

Umsetzung der Konditionen der Vermieter

Alle Veranstalter bekommen von den Vermietern im Prinzip die gleichen Informationen über die Mietbedingungen und Preise, nicht unbedingt jedoch die gleichen Provisionen. Doch in den Prospekten werden die Konditionen sehr unterschiedlich dargestellt. Das macht oft einen Vergleich schwierig. Wir geben deshalb an dieser Stelle ein paar Anregungen, wie man sich in den Prospekten am besten zurechtfindet.

Beginnen wir mit den **bildlichen Darstellungen** und den **Grundrissen** der Wohnmobile. Für denselben Fahrzeugtyp beim gleichen Vermieter sieht man gelegentlich unterschiedliche Fotos in den Veranstalterprospekten. Außenansicht und Grundriss des gleich bezeichneten Wohnmobils stimmen oft nicht überein; das erkennt man am besten an der Eingangstür zum Wohnbereich, die immer auf der Beifahrerseite liegt. Wenn nicht, sind die Fahrzeuge seitenverkehrt abgebildet.

Es ist weitgehend üblich, die Inneneinrichtung in einer Tag- und einer Nachtversion darzustellen. So kann man die Schlafgelegenheiten besser erkennen als in einem gezeichneten Grundriss. Was aber oft versäumt wird und was beim Mieter zur Überraschung führen kann: Das Sofa ist bei Tag und bei Nacht gleich breit dargestellt, aber so ist es nicht, denn zum Schlafen wird es ausgezogen oder aufgeklappt, sonst wäre es zu schmal. Wenn Sofa und Dinette einander gegenüber liegen, dann ist das für den Tagbetrieb angenehm, denn man sitzt in gemütlicher Runde. Bei Nacht verschwindet aber der Raum zwischen beiden Schlafgelegenheiten, und dann fehlt der Durchgang zum WC. Die Kombination *Sofa/Dinette* direkt hinter den Fahrersitzen macht es ohne *Slide Out* den im Alkoven Schlafenden unmöglich, das WC nachts aufzusuchen, ohne die unten Schlafenden zu stören.

Da weder die Vermieter noch die Veranstalter bestimmte Auslegungen garantieren können - die Gründe dafür haben wir schon erläutert -, muss in der Art der Ausschreibung keine böse Absicht liegen, denn es ist ja denkbar, dass der Vermieter sowohl das Fahrzeug in seiner Flotte hat, das in Außenansicht gezeigt wird, als auch das mit der gezeigten Inneneinrichtung.

Nicht jeder Veranstalter publiziert alle Fahrzeuge eines Vermieters, schon gar nicht alle Vermieter, aber auch nicht jeder Vermieter will mit jedem europäischen Veranstalter zusammenarbeiten. Insofern sollten Sie sich nicht auf einen oder zwei Prospekte beschränken, wenn Sie Ihre „mobile Ferienwohnung" aussuchen.

Preisbildung

Rechnen Sie mehrere Angebote genau durch und beziehen Sie alles ein, was für Ihre Reise wichtig ist. Dabei empfiehlt es sich, alles auf Wochenpreisen zu basieren, denn neben Tagespreisen werden auch Wochenpauschalen angeboten: Mietpreis, Kilometer/Meilengeld, Steuern, im Preis eingeschlossene Versicherungen, andere Sonderleistungen. Bis auf wenige Ausnahmen werden die Vermieter vom Reiseveranstalter genannt; das macht Vergleiche für den Leser einfacher. Es kommt jedoch vor, dass die Preise mehrerer Vermieter, die auch unterschiedliche Fahrzeuge haben können, in einer Tabelle zusammengefasst werden. Wer nicht ausdrücklich einen bestimmten Vermieter bei der Buchung verlangt, bekommt die Bestätigung für den Vermieter, bei dem der Veranstalter den größten Erlös erzielt.

In den Preisen sind entweder keine **oder** 50, 100, 150, 160 **oder** alle Frei-Kilometer/-Meilen eingeschlossen, manchmal unterschiedlich nach Saisonzeit beim selben Vermieter. Da heißt es, die vorgesehene Route in ihrer Länge zu ermitteln, 20 % bis 25 % zuzuschlagen für Umwege und Besichtigungen - und zu rechnen. Wenn ein **Meilenpaket** mit unbegrenzten Freimeilen z.B. € 1.595 kostet, dann sind darin bei 19 - 35 Cents pro Meile, die ohne „Paket" zu zahlen wären (inkl. 8 % Steuer und einem Dollarkurs von € 0.65, alles angenommene Werte) genau 2.564 Meilen (4.126 km) enthalten. Wenn Sie weniger fahren, ist es günstiger, alle Meilen zu bezahlen; wenn Sie aber

Wer weite Strecken zurücklegen möchte, sollte das Paket mit unbegrenzten Freimeilen wählen (📷 www.fraserway.com)

mehr fahren, ist es besser, das Konzept mit unbegrenzten Freimeilen zu wählen (€ 0.65 geteilt durch 0,32 x 1,08 x 1,80). Wenn beide Mietkonzepte ungefähr dasselbe Ergebnis liefern, dann empfehlen wir, die unbegrenzten Freimeilen zu wählen. Aber Vorsicht: Für die vorausbezahlten Kilometer oder Meilen gibt es keine Erstattung wenn die Fahrtstrecke kürzer ausfällt. In gleicher Weise können Sie auch ermitteln, ob Sie besser fahren mit den unbegrenzten Freikilometern/-Meilen oder mit 160 oder 100 eingeschlossenen Freikilometern/-Meilen pro Tag: Die Preisdifferenz in Euro wird geteilt durch das Produkt aus Kilometer/Meilengeld in Cents inkl. Steuer mal Dollarkurs; so erhält man die Zahl der Kilometer oder Meilen, bei denen die Mietkonzepte preisgleich sind.

Die **Steuersätze** sind in Nordamerika von Staat zu Staat und von Provinz zu Provinz unterschiedlich. Es gilt immer der Steuersatz am Ort der Übernahmestation. Ohne Gewähr geben wir ein paar Beispiele für die Höhe der Sales Tax (Verkaufs- bzw. Umsatzsteuer) und der kanadischen Umsatzsteuer des Bundes (GST) an, die mit 7% überall zur Anwendung kommt:

Kanada: AB 7 %, BC 7 + 7 = 14 %, MB 7 + 7 = 14 %, NS 8 + 7 = 15 %, ON 8 + 7 = 15 %, PQ 9 + 7 = 16 %, YT 7 %
USA: AK 0 %, WA 14 %, CA 8,5 %, NY 6 %.

Wichtig ist, die Saisonzeiten zu beachten und zu berücksichtigen, ob die Preise nach der Saison des Reiseantritts berechnet werden oder, wenn mehrere **Saisonzeiten** berührt werden, anteilig nach den einzelnen Saisontagen.

Ferner spielt es für den Gesamtpreis, nicht jedoch für die Reiseroute, manchmal eine wichtige Rolle, in welcher Stadt bei gleichem Datum das Wohnmobil übernommen wird.

Beispiel: Rundreise um die *Four-Corners-Staaten* (CO, UT, AZ, NM) im Frühjahr. Las Vegas ist im April und bis Mitte Mai deutlich teurer als Denver bis 10. Mai. Wer seine Tour in Denver beginnt und zuerst nach Süden fährt, statt durch die Rocky Mountains, kann eine Menge Geld im Vergleich zum Start in Las Vegas sparen. Wir haben Preisdifferenzen zwischen 15 % und 30 % errechnet, wobei auch die Freimeilen zu berücksichtigen sind, je nachdem, in welche Saisonzeiten die Reisetage fallen.

☺   Für eine Mietdauer von mehr als 21 oder 30 Tagen geben viele Vermieter einen **Langzeitrabatt**. Es kann günstig sein, diesen Rabatt in Anspruch zu nehmen, selbst wenn man einen oder zwei Tage verfallen lässt.

☺   Vermieter, die an einer längerfristigen Planung ihrer Flotten interessiert sind, gewähren oft einen **Frühbucherrabatt**. So können sie ihre Wohnmobile eher nach den Wünschen der Urlauber disponieren und evtl. zu einem günstigen Zeitpunkt neue Fahrzeuge hinzukaufen.

Vermieterkonditionen

Die *Preparation Fee* (Bereitstellungsgebühr) ist Preisbestandteil und muss in jedem Fall gezahlt werden. Sie schließt meist diese Leistungen des Vermieters ein:

◆   Transfers vom Hotel und zum Flughafen oder Hotel
◆   Erste Füllung des Propantanks
◆   Grundausstattung mit WC-Chemikalien und Toilettenpapier.

Nach deutschem Recht dürfen **alle** Leistungen, die vom Kunden bezahlt werden müssen, ausschließlich in Euro ausgeschrieben werden. Es ist nicht korrekt, wenn der Urlauber z.B. die unvermeidliche Bereitstellungsgebühr bei Fahrzeugübernahme an den Vermieter zahlen muss. Damit versucht der Veranstalter gesetzeswidrig, einen vordergründig gut aussehenden Preis zu veröffentlichen.

Für **Reparaturen** setzen die Vermieter eine Höchstgrenze, bis zu der ein Anruf bei der Station nicht gefordert wird; das sind meist $ 50 oder $ 75. Darüber hinaus erstatten die Vermieter die Auslagen nur nach vorheriger Genehmigung.

Wer glaubt, bei der Angabe Modelljahr 2012 ein im Jahr 2012 gebautes, also neues Fahrzeug zu bekommen, wird enttäuscht sein, denn Model year heißt nicht Baujahr, weil die neuen Modelle bereits ein Jahr im Voraus konzipiert und vermarktet werden. Ein Wohnmobil „Modelljahr 2012" ist wahrscheinlich seit 2011 im Einsatz, kann also, bis ein Kunde es im Sommer 2012 übernimmt, bis zu 50.000 km hinter sich haben. Wenige Vermieter sind dazu übergegangen, ihre Fahrzeuge als „New in ..." zu definieren, d.h. anzugeben, wann sie neu in die Flotte aufgenommen wurden. Das ist eindeutig und ehrlich.

Vorzeitige Rückgabe: Wer das gemietete Wohnmobil vor dem vereinbarten Termin zurückgibt, kann nicht auf Erstattung des Anteils der Miete für die nicht genutzte Zeit rechnen. Das ist eine generell gültige Regel, und sie hat auch ihren Sinn, denn zwischen der Rückgabe und der nächsten planmäßigen Miete kann der Vermieter kurzfristig keine Einnahmen mit dem Fahrzeug erzielen.

Reinigung des Wohnmobils innen und außen: Es ist sicher richtig davon auszugehen, dass man eine Mietsache in dem Zustand zurückgeben sollte, in dem man sie übernommen hat. Was man unter „sauber" versteht, ist nicht objektiv zu definieren, also gibt es Meinungsverschiedenheiten und gelegentlich Streit bei der Wohnmobilrückgabe. Die Vermieter berechnen, wenn das Fahrzeug nicht sauber zurückkommt, Gebühren für die Reinigung; gelegentlich werden sie schon bei Wohnmobilübernahme vorsorglich von der Kreditkarte abgebucht.

Wer die Außenreinigung des Fahrzeugs übernimmt, sollte vor der Reise mit dem Vermieter abgesprochen werden (📷 www.fraserway.com)

Manche Vermieter verlangen nur die **Innenreinigung**, einige nennen Ihnen für Wohnmobile geeignete Waschanlagen in der Nähe der Vermietstation, aber davon gibt es nicht allzu viele. Das Waschen der Wohnmobile ist auf vielen Campingplätzen verboten, insbesondere den öffentlichen.

Einige Vermieter bieten **ältere Fahrzeuge** zu günstigeren Mietpreisen an. Sie werden unter bestimmten Namen von den regulären Mietfahrzeugen unterschieden: Coach Class, Value Homes (Einschränkung: Die Value-Raten des Vermieters El Monte gelten für die reguläre Flotte!):

Problematik der Direktbuchung beim Vermieter

Immer wieder kann man lesen und hören, wie günstig jemand sein Wohnmobil in Kanada oder den USA ohne ein deutsches Reisebüro gebucht hat. Das kann durchaus der Fall sein, aber trotzdem muss es nicht von Vorteil sein, „drüben" zu buchen. Dafür gibt es eine Reihe guter Gründe:

Die Vermieter haben manchmal kein Personal, das Anfragen europäischer Interessenten in deren Sprache beantworten kann. Englische Sprachkenntnisse sind kein Argument dagegen, denn in der Nebensaison wird das Personal häufig bis auf die Stammkräfte reduziert, in der Hochsaison sind alle ausgelastet, auch ohne sich um Direktbucher kümmern zu müssen.

Stichwort Hochsaison: In aller Regel haben sich die deutschen Veranstalter Kapazitäten gesichert, manchmal schon für eine bestimmte Zahl von Buchungen im Voraus gezahlt. Bei der in den letzten Jahren stets stärker werdenden Nachfrage nach Wohnmobilreisen hat der einzelne nur geringe Chancen, das gewünschte Fahrzeug für den gewünschten Termin zu bekommen.

Wenn ein Vermieter seine Leistungen selbst und direkt vermarktet, dann kann es entweder sein, dass er klein und unabhängig bleiben möchte und den persönlichen Kontakt mit seinen Gästen bevorzugt (z.B. weil er selbst Deutscher ist, *Red.*). Oder es kann sein, dass die deutschen Veranstalter, die einem strikten Konsumentenschutzgesetz unterworfen sind und bei Unregelmäßigkeiten in die Haftung genommen werden können, mit diesem Vermieter nicht oder nicht mehr zusammenarbeiten möchten.

Das Wichtigste ist jedoch, dass es bei Unstimmigkeiten bei Direktbuchung kaum Möglichkeiten gibt, Ansprüche durchzusetzen. Anders unter dem Konsumentenschutzgesetz: Hier kann der Reiseveranstalter belangt werden, und es gilt heimisches Recht.

In den USA treiben sich einige „schwarze Schafe" herum, die Wohnmobile über das Internet anbieten, die Anzahlung kassieren und dann untertauchen. Achten Sie darauf, dass Sie im Internet eine ordentliche Adresse samt Telefonnummer vorfinden und rufen Sie dort zur Kontrolle an. Ein Indiz für einen ordentlichen Vermieter ist auch die Möglichkeit, die Anzahlung per Kreditkarte leisten zu können - Finger weg von Vermietern, bei denen das nicht geht! Im Grunde gibt es in den USA nur 4 große und 3 kleine zuverlässige Vermieter!

☺   Trotzdem: natürlich gibt es faire Direktvermieter, bei denen man keine Bedenken haben muss.

Vorsorgemaßnahmen, auch für Sicherheit und Gesundheit

Hilfsmittel

Ein paar Kleinigkeiten im Gepäck erleichtern oft das Leben oder ersparen kostbare Urlaubszeit.

▷   Wenn in den Wohnmobilen ein „Erste-Hilfe-Päckchen" vorhanden ist, dann muss das nicht mit Ihrer **Reiseapotheke** übereinstimmen. Lassen Sie sich evtl. von Ihrem Hausarzt raten, was Sie mitnehmen sollten.

▷   Wenn Ihnen der Vermieter Decken und Bettlaken mitgibt, kann es ratsam sein, sie mit **Sicherheitsnadeln** oder speziellen Klammern miteinander zu verbinden.

Der Flug nach Nordamerika und die Übernahme des Wohnmobils

Wichtig: Die Flugzeiten

Es gibt für die Abflugzeiten aus Europa Unterschiede zwischen europäischen und nordamerikanischen Gesellschaften. Tendenziell fliegen die „Europäer" früher ab, die „Nordamerikaner" mit Heimatbasis in Übersee später. Das ist beim Flug westwärts unproblematisch, weil vor Wohnmobilübernahme immer eine Hotelübernachtung gebucht werden sollte. Am Rückflugtag aber kann viel Zeit verloren gehen, wenn das Wohnmobil bis spätestens 11:00 an der Vermietstation sein muss, der Abflug aber erst am späten Abend erfolgt.

Anfahrt zum Flughafen

Nicht jeder Urlauber wohnt in der Nähe eines Flughafens. Die Mehrzahl der Reisenden wird also zum Abflug per Bahn, Pkw oder „Bringedienst" lieber Verwandter oder Bekannter anreisen müssen.

☺   Für eine angenehme und stressfreie Flugreise ist es wichtig, dass Sie sich genügend Zeit lassen und nicht in Hektik geraten. Es ist vielen Reisenden sicher lieber, eine Stunde länger am Flughafen zu sitzen und die Langstreckenmaschine zu bekommen, als infolge einer Verspätung auf dem Zubringer den Abflug nach Übersee zu verpassen

Nach dem Interkontinentalflug

Nach dem langen Flug ist vor Wohnmobilübernahme eine Übernachtung in einem Hotelbett unerlässlich. Den Vermietern kann man nicht zumuten, dass sie Fluggäste aus Übersee am Flughafen abholen, denn nicht alle Flüge sind pünktlich, ferner kommen die Maschinen aus Europa häufig am Nachmittag an.

Wenn auch der eine oder andere Vermieter das Wohnmobil am Ankunftstag der Urlauber übergibt, so knüpft er daran Bedingungen: Ankunft nur per Flug innerhalb des Kontinents, nicht interkontinental; Ankunft an der Station spätestens um 14 oder 15 Uhr; die Transferkosten muss der Kunde tragen, während der Vermieter sonst von Hotels kostenlos abholt.

Kontakt zum Vermieter

Mit dem Vermieter sollten Sie schon bald nach Ankunft im Hotel telefonisch Kontakt aufnehmen, damit er Ihnen mitteilen kann, wann er Sie am nächsten Tag vom Hotel abholen wird. Es gibt aber auch Vermieter, die Ihren Anruf erst am Übernahmetag wünschen. Bei fast allen Vermietern wird deutsch gesprochen. Die Telefonnummer Ihres Vermieters finden Sie in den Reiseunterlagen des Veranstalters.

Die Vermieter haben den Reiseveranstaltern gegenüber definiert, von welchen Hotels sie die Urlauber abholen. Wenn Sie kein Hotel mitbuchen, weil Sie bei Freunden oder Verwandten übernachten, dann müssen Sie den Transfer zum Vermieter selbst bezahlen oder sich zu einem Hotel bringen lassen, von dem Sie nach Absprache mit dem Vermieter abgeholt werden.

Transfer vom Hotel zur Vermietstation

Abholung durch den Vermieter

Die meisten Vermieter benutzen Kleinbusse (*Vans*), die durch Werbebeschriftung deutlich gekennzeichnet sind. Es kann vorkommen, dass der Vermieter Sie auffordert, sich zu einem bestimmten Zeitpunkt ein Taxi zur Vermietstation zu nehmen; die Kosten dafür übernimmt der Vermieter.

In den Reisekatalogen haben Sie sich schon darüber informieren können, zu welchen Zeiten das Wohnmobil übernommen werden kann und wann es spätestens zurückgegeben werden muss.

Bei den meisten Vermietern erfolgt die **Übergabe** des Fahrzeugs an den Kunden am Nachmittag, die Rückgabe am Vormittag, sodass ein paar Stunden für die Reinigung und technische Überprüfung zwischen zwei Mietverträgen bleiben. In solchen Fällen kommt es auf unbedingte Einhaltung der Termine an, weil sonst der nachfolgende Mieter warten muss und darüber sicher wenig Freude zeigen wird, also dem Vermieter Ärger bereitet.

☹   Deshalb haben die Vermieter „Strafgebühren" für **verspätete Rückgabe** festgesetzt. Im Gegensatz dazu gibt es für vorzeitige Rückgabe aber keine Erstattung.

Sollte der für Sie vorgesehene Wagen durch Panne oder Unfall beim Vormieter nicht planmäßig zur Station zurückgekommen sein oder sollten Reparaturen am Fahrzeug notwendig werden, dann wird der Vermieter eine für den Vormittag vorgesehene Übergabe des Wohnmobils auf den Nachmittag verschieben und Sie, wenn er sich korrekt benimmt, rechtzeitig informieren, damit Sie nicht in der Hotellobby unnütz herumsitzen.

Bei planmäßiger Übernahme am Nachmittag kann es in einem solchen Fall eng werden, und Ihre Urlaubsreise beginnt so spät, dass Ihr Reiseplan schon durcheinanderkommt, bevor die Fahrt überhaupt begonnen hat.

Es gibt kulante Vermieter, die einen Pkw zur Verfügung stellen oder die Wartenden zum Supermarkt fahren, damit sie schon ihre Einkäufe erledigen können.

Einige Vermieter weisen ausdrücklich darauf hin, dass die **Übernahme am Vormittag** erfolgt. Auch in einem solchen Fall können Verzögerungen eintreten, aber in der Regel ist das für Sie vorgesehene Fahrzeug bereits am Vortag zur Vermietstation zurückgekommen. Es wird einleuchten, dass Vermieter, die ihre Wohnmobile planmäßig zwischen zwei Mietverträgen über Nacht auf dem Gelände stehen haben, für diese Nacht keinen Erlös erzielen. Unter sonst gleichen Bedingungen können die Mietpreise in einem solchen Fall ein wenig höher liegen als bei Vermietern, die *Same-day-turn-around* betreiben, also Rücknahme und Abgabe des Wohnmobils am gleichen Tag.

Wenn Sie jetzt sagen: „Gut, dann suche ich mir einen Vermieter aus, bei dem ich am Vormittag das Wohnmobil bekomme", dann haben Sie nach unseren Erfahrungen einen guten Vermieter gewählt, aber eine Garantie übernimmt niemand. Und der Umkehrschluss wäre völlig falsch, dass Vermieter, bei denen die Übergabe am Nachmittag erfolgt, nicht so gut seien.

Einführung in das Wohnmobil

Die Vermieter haben bei den z.T. recht großen Fahrzeugflotten repräsentative Stationen mit Werkstätten, Waschhallen, Lagerräumen für das Campingzubehör und die Koffer der Kunden und reichlich Stellplatz für die Wohnmobile.

Es versteht sich von selbst, dass die **Einweisung**, wie in den Prospekten angekündigt, in deutscher Sprache erfolgt. Aber nicht an allen Stationen hat das Personal Deutsch als Muttersprache aus Europa „mitgebracht". Gelegentlich werden Studenten für die Einweisung eingesetzt, die billiger und nur während der Hochsaison in den Ferien zu haben sind.

Außer bei Einwegmieten können Sie Ihre **Koffer**, die Sie während der Reise nicht brauchen, gegen eine geringe Gebühr von der Vermietstation verwahren lassen. Das muss nicht immer sinnvoll sein, denn bei einem großen Wohnmobil sind reichlich große Außenfächer (verschließbar!) vorhanden, in denen Koffer und Taschen mitreisen können. Das hat den Vorteil, dass man sie für den Rückflug am Abend vor der Rückgabe des Wohnmobils auf einem Campingplatz in Ruhe packen kann - und nicht unter Zeitdruck beim Vermieter.

Einige Vermieter sind bereit, Ihre **Flugtickets** aufzubewahren, sodass sie Ihnen unterwegs nicht abhandenkommen können. Am besten fragen Sie den Vermieter, wenn Sie davon Gebrauch machen wollen.

Scheuen Sie sich nicht, den Vermieter um eine **Probefahrt** auf dem Gelände oder um den Block herum zu bitten, wenn Sie sich beim Anblick des ach so großen Fahrzeugs unsicher fühlen. Es ist besser, dafür ein wenig Zeit einzusetzen, als sich unter Stress unsicher in den Verkehr zu stürzen.

Für die erste Nacht nach Übernahme und die letzte Nacht vor Rückgabe des Wohnmobils empfehlen die Vermieter oft geeignete Campingplätze.

Beim Vermieter müssen Sie den **Mietvertrag** unterschreiben, in dem viele Einzelheiten festgelegt sind, z.B. der Umfang der Versicherung und die Selbstbeteiligung, welche Schäden in keinem Fall von der Versicherung gedeckt sind, wer das Wohnmobil fahren darf (nur im Vertrag genannte Personen dürfen das Fahrzeug führen!). Lesen Sie die Bestimmungen durch, damit Sie im Ernstfall keine Überraschung erleben.

Achten Sie darauf, dass alle **Schäden am Fahrzeug**, die keine Beeinträchtigung der Funktionsfähigkeit bewirken, im Mietvertrag auf entsprechenden Formblättern mit Fahrzeugskizzen gekennzeichnet sind. Das können beispielsweise Kratzer im Lack sein, Beulen im Blech oder kleine Einschläge von Steinen im Verbundglas der Windschutzscheibe, die der Vermieter nach Ende der Saison reparieren wird. So laufen Sie nicht Gefahr, für Schäden zu haften, die nach der Wohnmobilrückgabe bemerkt werden, aber vor Übernahme schon vorhanden waren.

Wenn Sie das Mietkonzept gewählt haben, bei dem nicht alle Kilometer oder Meilen im Pauschalpreis eingeschlossen sind, fordern manche Vermieter die Vorauszahlung des voraussichtlich anfallenden **Kilometergeldes.**

Stellen Sie sich darauf ein, dass Sie keinen zweiten **Schlüssel-Satz** für das Wohnmobil bekommen, denn so wie mancher Reisende seinen einzigen Schlüsselsatz verlieren oder im Fahrzeug einschließen kann, so haben Urlauber oft auch den zweiten Schlüsselsatz verloren oder eingesperrt. Dieses Risiko gehen die Vermieter nicht ein. Deshalb ist es sinnvoll, dass man sich selbst ein „Erinnerungssystem" einfallen lässt (Kontrolle durch einen Mitreisenden) oder Vorkehrungen trifft (dünnes Kettchen am Hosenbund oder Schlüssel am Karabinerhaken).

Die meisten Vermieter haben eine rund um die Uhr erreichbare **Notruf-Telefonnummer** - bei vielen ist sie kostenlos -, damit Urlauber bei Pannen oder Unfällen mit der Vermietstation in Verbindung treten können.

Notieren Sie etwaige Störungen, auch wenn sie Sie nicht beeinträchtigen, für den Vermieter: Der kann oftmals beim Reinigen des Fahrzeugs und Vorbereiten auf den nächsten Mieter Fehler nicht erkennen. Wenn Sie ihn darauf aufmerksam machen, ersparen Sie dem Nachmieter und dem Vermieter möglicherweise Probleme, mit denen Sie ja auch nicht konfrontiert werden wollten.

☺   Wir sagen es noch einmal: Lassen Sie sich nicht unter Zeitdruck setzen und bleiben Sie immer ruhig. Wenn die Fahrzeugübernahme unter unschönen Bedingungen verläuft, hängt Ihnen das noch lange nach, und dafür ist Ihr Urlaub zu schade.

Checkliste für die Wohnmobilübernahme

Videodemonstrationen über die Technik und Bedienung eines Wohnmobils können nützlich sein, denn sie geben einen ersten Eindruck von dem, was man in den nächsten Wochen handhaben muss. Aber allein sind sie nicht ausreichend, es muss immer eine **persönliche Einweisung** hinzukommen. Einige Vermieter - und es sind nicht die schlechten - lehnen Videodemonstrationen vollständig ab und vertrauen auf ihr Personal.

Die Fahrerkabine in einem 27ft-Modell

Vertrauen ist gut, Kontrolle ist besser - ein bewährtes Prinzip in allen Lebensbereichen. Wenn Sie einiges nicht selbst prüfen können (Reifendruck, Getriebeöl, Automatiköl), dann können Sie den Angestellten der Station darum bitten, Ihnen zu zeigen, wie geprüft wird. Das hat auch für den Vermieter den Vorteil, dass er sich auf Sie als Kunden verlassen kann: Ein informierter Kunde ist ein guter Kunde.

Bei manchen Vermietern hängt im Wohnmobil eine Checkliste, auf der das Servicepersonal die einzelnen Wartungs- und Pflegearbeiten abzeichnen muss. An Hand einer solchen Liste können Sie leicht erkennen, welche Punkte Sie „abhaken" können. Im Übrigen verweisen wir auf die im technischen Teil gegebenen Hinweise zu den einzelnen Punkten.

Wir empfehlen, dass Sie eine Fotokopie dieser Liste mitnehmen, die einzelnen Punkte prüfen, bei okay abhaken und dann die offenen Punkte mit dem Vermieter (Störungen oder Unklarheiten) besprechen.

Checkliste

wenn okay, hier abhaken ☐

1. Benzintank(s) voll? ☐
2. Propantank voll? (Manometer am Tank) ☐
3. Wassertank voll? (Monitor) ☐
4. Abwassertank leer? (Monitor und offenes Ventil) ☐
5. WC-Tank leer? (Monitor und offenes Ventil) ☐
6. Motorölstand in Ordnung? (Peilstab) ☐
   ggf. vorgeschriebene Sorte notieren: ....
7. Getriebeöl in Ordnung? (Fragen) ☐
8. Waschanlage für Windschutzscheibe voll? ☐
9. Batterie aufgeladen? (Monitor) ☐
10. Reifendruck korrekt? (Fragen, wie hoch er sein soll) ☐
11. Reifenprofil in Ordnung? (Sichtkontrolle) ☐
12. Fahrlicht, Fernlicht, Standlicht okay? ☐
13. Blinker und Warnblinkanlage okay? ☐
14. Rückfahrscheinwerfer okay? ☐
15. Bremsleuchten okay? ☐
16. Hupe okay? ☐
17. Schlösser funktionsfähig? (Probieren) ☐
18. Wagenheber und Kurbel vorhanden und wo? ☐
19. Reserverad: Profil und Luftdruck korrekt? ☐
20. Schlüssel für Reserveradbefestigung? ☐
21. Wasserpumpe funktionsfähig? ☐
22. Sicherungen wo? (Basisfahrzeug/Wohnmobilaufbau) ☐
23. Rauchwarngerät: beim Kochen abstellbar? ☐
24. Funktioniert die Innenbeleuchtung? ☐
25. Außenlicht neben Wohnmobiltür okay? ☐
26. Fliegendraht an Fenstern und Türen okay? ☐
27. Rollos funktionsfähig? (Probieren) ☐
28. Klettverschlüsse an den Vorhängen okay? (Probieren) ☐
29. Klapptisch funktionsfähig? (Probieren) ☐
30. Abwasserschlauch mind. 5-6 m lang? (Camper 3 m) ☐
31. Frischwasserschlauch mind. 5-6 m lang? ☐
32. Stromkabel mind. 5-6 m lang? ☐

33. Steckeradapter vorhanden?
    a) für 15 Amp (normal)   ☐
    b) für 30 Amp (bei Betrieb der Dachklimaanlage)   ☐
34. Monitor/Kontrollpaneel funktionsfähig?   ☐
35. Generator funktionsfähig, Ölstand okay?   ☐
    Ölprüfung nach .... Betriebsstunden
36. Betrieb des Kühlschranks bei Fahrt mit Propan?   ☐
37. Einschläge in der Windschutzscheibe?   ☐
38. Dellen am Aufbau/Stoßstange, Schäden am Lack?   ☐
39. Küchengeschirr, Besteck, Töpfe/Pfannen komplett?   ☐
40. Bettzeug, Handtücher (wenn gemietet) komplett?   ☐
41. Fahrzeughandbuch, Geräte-Anleitungen vorhanden?   ☐
42. Wo ist eine Waschanlage für Wohnmobile? ....
43. Bei längeren Reisen und über große Entfernungen:
    Ölwechsel durchführen bei km oder Mi ....
    Inspektion durchführen bei km oder Mi ....

Es lohnt sich, genau nachzusehen und die Liste abzuhaken; die Zeit ist gut angewandt, besonders wenn man zum ersten Mal eine Wohnmobilreise unternimmt. Wenn man unterwegs etwas Fehlendes besorgen oder Informationen über die nicht verstandenen oder kontrollierten Funktionen einholen oder gar eine Werkstatt aufsuchen muss, dauert das länger, und das meist im unpassenden Moment.

Mietvertrag

Alter des Fahrers

Unabhängig davon, dass Sie mit Ihrem Reiseveranstalter einen Vertrag abgeschlossen haben, müssen Sie die Mietbedingungen Ihres vorbestellten Wohnmobils mit dem Vermieter vertraglich regeln. Einige Konditionen kennen Sie aus dem Veranstalterprospekt, andere erfahren Sie im Gespräch mit dem Angestellten der Vermietfirma. So zum Beispiel, dass **jeder Fahrer** den Vertrag unterschreiben muss (Haftungsgründe!).

Ein Mindestalter für das Fahren eines Wohnmobils ist nicht gesetzlich geregelt, sondern wird vom Vermieter festgesetzt. Vielfach wird ein Alter von

25 Jahren gefordert, manche Vermieter erlauben das Fahren schon ab 21 Jahren, gelegentlich aber in Verbindung mit einer höheren Kaution oder restriktiveren Versicherungsbedingungen.

Versicherungen:
Haftpflicht und Kasko, Selbstbeteiligung

In Nordamerika sind die gesetzlichen Vorschriften für Versicherungen um einiges anders als bei uns. Jeder Staat und jede Provinz haben ihre eigenen Gesetze. In den USA sind in der **Haftpflichtversicherung** die gesetzlich vorgeschriebenen **Deckungssummen** lächerlich niedrig.

Bei einigen Vermietern in USA und bei allen Vermietern in Kanada sind sie ausreichend hoch; darüber geben die Veranstalterprospekte Auskunft. Außerdem haben viele deutsche Veranstalter eine Zusatz-Haftpflichtversicherung über 1 oder 2 Mio. Euro abgeschlossen, um ihre Kunden vor Ersatzansprüchen zu schützen, wenn sie für einen Schaden verantwortlich sind. Denn die Haftpflichtversicherung kommt nicht für Schäden am gemieteten Wohnmobil auf. Wenn Sie also kein Risiko eingehen wollen, müssen Sie diese Fakten in Ihre Überlegungen einbeziehen.

Die **Kaskoversicherung** ist eine komplizierte Sache, weil jeder Vermieter ihre Konditionen selbst bestimmt. Häufig betreiben die Vermieter *Self-insurance*, d.h. sie kassieren eine Prämie und zahlen die Schäden aus diesem eigenen „Topf", soweit der Mieter nicht ohnehin für den Schaden aufkommen muss. In welchen Situationen das der Fall ist, erläutern wir unten.

Im Mietpreis kann eine Mindestdeckung eingeschlossen sein, muss aber nicht. Der Mieter haftet, wenn er keine Zusatzversicherung (CDW, CDR, LDW, VIP, ELVIP - ☞ Glossar, S. 159) abschließt, in vollem Umfang für alle Schäden oder mit Beträgen von $ 2.500 bis $ 3.500 je Vorfall für genau definierte Schadensfälle.

Für je einen Schaden vorn und hinten am Wohnmobil muss der Mieter den geforderten Betrag zweimal zahlen. Zu den „genau definierten Schadensfällen" gehören Verkehrsunfälle, Fahrerflucht, Brand, Glasbruch (inkl. Windschutzscheibe), Schäden im Dachbereich, an Fahrgestell und Rädern inkl. Reifen, im Fahrzeuginneren, Schäden durch Fahren abseits öffentlicher Straßen (auch Tankstellen, Campgrounds, Parkplätze), durch Überhitzung oder Frost und vom Mieter nicht zu verantwortende Schäden durch Vandalismus und Diebstahl.

Manche Vermieter bieten den zusätzlichen Schutz in zwei Stufen an (Stufe 1: CDW oder CDR, Stufe 2: VIP), bei anderen gibt es nur eine Zusatzversicherung, für die eine Prämie zu zahlen ist (deren Höhe ist in den Veranstalterprospekten angegeben).

Auf jeder der beiden „Stufen" gehört zu den genannten Schadensfällen eine maximale Haftungssumme oder **Selbstbeteiligung** des Mieters (*Deductible*); in derselben Höhe muss er eine Kaution hinterlegen. Bei Stufe 2 ist die Prämie deutlich höher, aber dafür sind Selbstbeteiligung und Kaution deutlich niedriger als bei Stufe 1.

Die VIP-Versicherung (*Vacation Interruption Protection*) garantiert dem Mieter zusätzlich zu den genannten Bedingungen eine Entschädigung für den **Nutzungsausfall** bei Pannen, die nicht vom Mieter verschuldet sind und eine Reparaturzeit von mehr als zwölf Stunden erfordern. Die Vermieter erstatten den Mietpreis bis zu einer bestimmten Höhe (manchmal nur auf der Basis des Preises ohne eingeschlossene und bezahlte Kilometer oder Meilen) oder gewähren einen Tagessatz pro Person für Übernachtung und einen bestimmten Betrag für Ersatzbeförderung (z.B. Taxi). Bei Verkehrsunfällen gilt diese Regelung nicht.

Einen deutlichen Unterschied machen die Vermieter zwischen „Pannen" (*Breakdowns*) und „Störungen" (*Malfunctions*): Für eine **Panne** kommt der Vermieter auf. Ausfälle bestimmter Aggregate (Tempomat, Radio, Klimaanlage, Kühlschrank, Mikrowelle und andere Geräte, die Wasser- und Abwasserinstallation und der Generator) gelten als **Störungen**, für die der Vermieter keine Entschädigung gewährt. Diese Haltung missfällt uns schon lange, denn - und jetzt kommt die Überlegenheit des Begriffs „Wohnmobil" über „Reisemobil" so richtig zum Tragen - mindestens Klimaanlage und Kühlschrank gehören zur „Wohnung" wie die Lenkung zum Auto. Durch deren Ausfall kann eine beträchtliche Komforteinbuße entstehen, die man dem Mieter eines

„Wohnmobils" nicht anlasten sollte. Ohne Tempomat, Lenkradverstellung und Radio kann man ohne nennenswerte Beeinträchtigung reisen; wenn aber Kühlschrank und Klimaanlage ausfallen, fehlen wichtige Bestandteile des Wohnmobils, für das der Urlauber seine Miete gezahlt hat. Wir wissen nur von einem Vermieter, dass er diese Einschränkung nicht macht, und zwar aus genau den Überlegungen, die wir angestellt haben: Fraserway in Kanada.

Keine Haftungsgrenze gibt es u.a. bei vorsätzlicher Beschädigung des Fahrzeugs, bei Fahren unter dem Einfluss von Alkohol und Drogen, bei Schäden infolge fehlenden Motoröls, Schäden im Innenraum und an den Reifen infolge Fahrens über Bordsteinkanten oder andere scharfe Gegenstände.

Bei heißem Wetter, wie hier auf Vancouver Island, sollte die Klimaanlage einwandfrei funktionieren (◙ www.fraserway.com)

Kautionen

Alle Vermieter verlangen eine Kaution (*Deposit*) als Sicherheit für eventuell auftretende Schäden, für die der Kunde haften muss. Sie ist unterschiedlich in der Höhe - je nachdem, ob die angebotenen Zusatzversicherungen abgeschlossen werden oder nicht. Die Kaution kann in bar hinterlegt werden (wird nicht von jedem Vermieter akzeptiert), mittels Reisechecks, die wie Bargeld behandelt werden, oder durch Abdruck der Kreditkarte (nicht blanko unterschreiben, sondern nur mit einer festen Summe! Red.). Wie viel Kaution Sie beim Vermieter zu hinterlegen haben, können Sie dem Veranstalterprospekt entnehmen.

Auch für die evtl. notwendig werdende Reinigung verlangen einige Vermieter eine Kaution, die von der Kreditkarte abgebucht und nach Rückgabe des als sauber akzeptierten Wohnmobils zurück überwiesen wird.

Wenn der **Kreditkartenabdruck** für die Kaution benutzt wird, dann gibt es zwei Möglichkeiten, die Kaution zu erstatten, wenn Sie das Fahrzeug ohne Schaden zurückgeben:

1.   Sie erhalten den Beleg zurück (funktioniert selten bei Einwegmieten) und können ihn zerreißen. Dies ist der eleganteste Weg.

2.   Der Vermieter hat den Abdruck eingereicht und Ihr Konto bereits belastet. Dann erhalten Sie einen Gutschriftsbeleg (Credit note), mit dessen Hilfe der abgebuchte Kautionsbetrag Ihrem Konto wieder gutgeschrieben wird. Zwischen Abbuchung und Gutschrift liegt eine Zeitspanne, innerhalb der der Wechselkurs des Dollars sich zu Ihren Gunsten oder zu Ihrem Nachteil verändern kann. Sie müssen einen Kursgewinn nicht an den Vermieter abführen, bekommen aber von ihm auch keinen Ersatz für einen Kursverlust. Auch der Reiseveranstalter hat mit diesen Transaktionen nichts zu tun. Bei der Verwendung von Kreditkarten können Bearbeitungsgebühren von bis zu $75 entstehen.

Campingausrüstung

Da man kaum *pots and pans* von zu Hause mitbringen kann, muss man das *Camping Equipment* (auch *Convenience Kit* genannt) mieten. Was die Vermieter zur Verfügung stellen, unterscheidet sich von Station zu Station und ganz besonders auch von den Vorstellungen der Mieter.

Manche Veranstalter erläutern das Campingzubehör im Prospekt oder übermitteln eine Liste dessen, was der Vermieter zur Verfügung stellt mit den Reisedokumenten. So kann man Fehlendes, das man als notwendig erachtet, von zu Hause mitbringen - wir wissen von schwäbischen Hausfrauen, die auf ihr Spätzlesieb nicht verzichten wollten! - oder es drüben kaufen. Der Mietpreis für die Campingausrüstung ist entweder im Wohnmobilpreis enthalten (Veranstalterprospekt prüfen!) oder wird an den Veranstalter (in Euro) oder den Vermieter bezahlt (in Dollar zuzüglich der ortsüblichen Steuern). Er schließt - das sollte man bedenken - nicht nur die Benutzung, sondern auch die Reinigung ein.

Die Campingausrüstung ist ein Quell häufigen Ärgers zwischen dem Urlauber, dem Vermieter und nach Rückkehr auch mit dem Veranstalter, denn die Meinungen darüber, ob das Gebotene seinen Preis wert ist, gehen oft beträchtlich auseinander. Ob die Schlafsäcke zu dünn sind oder eine Decke pro Person in der Vor- oder Nachsaison zu wenig, ist oftmals eine Frage der Schlafgewohnheiten: Nordamerikaner sind es gewohnt, nachts das Schlafzimmer und somit auch das Wohnmobil zu heizen, was viele Deutsche nicht tun.

Wir geben Ihnen hier eine Liste dessen, was man „normalerweise" von den Vermietern erwarten kann; verbindlich ist die Zusammenstellung weder für deutsche Reiseveranstalter noch für nordamerikanische Wohnmobilvermieter.

Bitte, denken Sie immer daran, dass Sie einen Campingurlaub gebucht haben; ein wenig Improvisation gehört schon dazu. Die Vermieter haben oft kein Verständnis für allzu große deutsche Perfektionswünsche - dass das Wohnmobil technisch einwandfrei und die Campingausrüstung sauber und ordentlich zu sein hat, steht aber außer Frage.

Zur Campingausrüstung gehört in der Regel ...

... pro Person ...

▷   Ein Schlafsack. Wenn er aus

Betttücher und Kopfkissen
(📷 www.fraserway.com)

der Reinigung kommt, steckt
er in einem Plastik-Beutel,
gelegentlich gibt es einen
waschbaren Innenbezug. Statt
Schlafsack haben einige Vermieter Decken. Am besten
haben uns die eingezogenen
Steppdecken einiger kanadischer Vermieter gefallen.

Handtücher (o.) und Geschirr (u.)
(📷 www.fraserway.com)

▷   Betttücher, am besten zwei pro Person (eins für die Matratze, das andere unter die Decken).

▷   Kopfkissen mit Bezug.

▷   Handtücher: Achten Sie darauf, dass nicht alle die gleiche Farbe haben, damit jeder sein Handtuch erkennen kann.

▷   Je eine Tasse, ein Becher, ein flacher Teller, eine kleine Salat- oder Suppenschüssel.

▷   Ein Satz Besteck. Großzügige Vermieter statten auch ein von zwei Personen gebuchtes Wohnmobil mit Geschirr und Besteck für vier Personen aus. Nur so braucht man nicht sofort abzuwaschen oder kann einen Campingplatznachbarn mal auf einen Kaffee einladen.

... pro Wohnmobil ...

▷   Ein Satz Töpfe und Pfannen, Kaffee- und/oder Teekanne (gelegentlich Kanne mit Filter), Wasserkessel, Suppenkelle, Sieb.

▷   Brotmesser, Küchenmesser.

Küchenausrüstung
(📷 www.fraserway.com)

▷   Minimalausstattung an Werkzeug (Schraubenziehersatz, Kombizange), Taschenlampe.

▷   Geschirr- und Spültücher.

▷   Korkenzieher und Flaschenöffner, Streichhölzer.

▷   Eimer, Besen und Schaufel, Kleiderbügel.

▷   Elektrokabel, Wasserschlauch, Abwasserschlauch, Steckeradapter für 30-Amp-Anschlüsse.

▷   Axt oder Beil. Wird wegen der besonders in USA strengen Haft-
      pflicht-Bestimmungen nicht von allen Vermietern angeboten, evtl. sind
      ein paar Dollar dafür zu zahlen.
▷   Straßenkarten, Campgroundverzeichnisse und Informationsbroschü-
      ren über den Staat oder die Provinz, gelegentlich Folder von touristi-
      schen Attraktionen; ValueKard für 10 % Nachlass auf KOA-Camping-
      plätzen.

Auf Wunsch
(möglichst bei Buchung angeben!) und gegen Zusatzgebühr
Wir nennen hier alles, was uns irgendwann einmal auf den Angebotslisten der
Vermieter begegnet ist. Die Reiseveranstalter geben in ihren Prospekten Auskunft darüber, welcher Vermieter welche Ausrüstungsgegenstände zur Miete
anbietet.

▷   Babysitz.
▷   Toaster, mit dem auf Campingplätzen mit Stromanschluss oder bei
      Generatorbetrieb das von uns und vielen anderen Deutschen wenig
      geliebte Brot getoastet werden kann.
▷   Campingstühle und -tisch.
▷   Fahrräder oder Mountain Bikes mit Halterung (nicht bei allen Wohn-
      mobiltypen möglich).
▷   Kanu, Kajak oder faltbares Boot mit Paddeln und Schwimmwesten
      (bietet nicht jeder Vermieter an).
▷   Holzkohlegrill (gibt's auch in Supermärkten) oder Einweggrill, der
      gleich die Holzkohle enthält.
▷   Reservekanister für Benzin (nützlich eigentlich nur beim Befahren des
      Dempster Highway in den Northwest Territories, sonst nicht notwen-
      dig).
▷   Zusätzliches Reserverad (nur für Dempster Highway nützlich).
▷   Angelausrüstung.
▷   Eisbox: Die Vermieter verbieten die Aufbewahrung selbst gefangener
      Fische im Kühlschrank, in dem Fischgeruch unerwünscht und nicht
      mehr zu entfernen ist. Eine Eisbox aus Styropor ist im Supermarkt für
      wenige Dollar zu haben.

▷   Tragbarer Generator zur Erzeugung von Strom für die Dachklimaanlage oder den Fernseher, wenn man in der Wildnis steht - er verbraucht viel Benzin, macht Lärm und die Benutzer bei anderen Campern unbeliebt.

▷   Fernseher, der nur mit Netzstrom oder bei Benutzung des Generators betrieben werden kann; der terrestrische Empfang ist nicht besonders gut, in den Bergen kommt recht wenig auf den Bildschirm.

Was Sie vielleicht vermissen könnten

▷   Eierbecher: Von zu Hause mitbringen oder Hilfskonstruktionen basteln, z.B. zusammengeknüllte Alufolie, Ausschnitt aus Eierpappschachtel, Schnapsglas, notfalls tut's auch ein Ehering.

▷   Haken für Handtücher: Die Nasszelle ist klein, man sollte nasse Handtücher auch zum Trocknen im Fahrzeug aufhängen können. Wenn Sie Klebehaken mitnehmen und sie an den Wohnmobilwänden anbringen, könnte der Vermieter das als Beschädigung ansehen und Sie zur Kasse bitten. Wir haben uns mit einfachen S-Haken (35-40 mm) beholfen, die es in jedem Hardware Store (Eisenwarenhandlung) für ein paar Cents gibt. Für die findet man leicht Platz an Scharnieren oder Griffen der Schranktüren, an der Schiene des Duschvorhangs oder sonstigen Stellen, ohne Schaden anzurichten.

▷   Wischtuch: Die kanadische oder amerikanische Hausfrau putzt nicht mit Schrubber und Lappen, sondern mit einem Wischmop, der aber im Wohnmobil nicht vorhanden ist. Wenn auch die Bodenfläche eines Wohnmobils nur wenige Quadratmeter ausmacht, ist es doch sinnvoll, den Boden feucht zu wischen und nicht den Staub mit dem Besen planmäßig zu verteilen. Am besten nimmt man ein Bodentuch von zu Hause mit. Auch wenn es diese Tücher inzwischen im Supermarkt gibt, erspart man sich die Suche.

Karten, Bücher und Informationsmaterial

Wir wissen, dass die meisten Urlauber ihre Reise im Wohnmobil gut vorbereiten und bei den Vermietern finden Sie darüber hinaus viele Werbe-Broschüren, über Anbieter und Attraktionen in der Region.

Straßenkarten sind in manchen Gegenden zeitweise knapp gewesen, weil die Staaten und Provinzen die Zuschüsse für touristische Programme reduziert haben. Seien Sie nicht überrascht, wenn der Vermieter Sie bittet, ihm die Karte zusammen mit dem Wohnmobil zurückzugeben. Wo immer Sie ein Informationsbüro sehen (erkennbar durch ein **?** oder ein **🛈**), sollten Sie sich in einer solchen Situation eine eigene Karte besorgen. Seien Sie aber nicht überrascht, wenn man für Informationsmaterial ein paar Dollar verlangt ...

Nützlich, aber schlecht im Voraus zu bekommen, sind die Campground Guides, die gelegentlich beim Vermieter oder in den jeweiligen Informationsbüros zu bekommen sind. Sie enthalten meist sowohl die öffentlichen als auch die privaten Campingplätze.

📖 Praktisch alle Reiseführerverlage haben Bücher über die USA und Kanada im Programm, die sich mehr oder weniger auch für Wohnmobilreisende eignen.

Empfehlenswerte Reiseführer über **USA** und **Kanada** finden Sie u.a. bei folgenden Verlagen

♦ Reise Know How, 🖥 www.reise-know-how.de
♦ Michael Müller Verlag, 🖥 www.michael-mueller-verlag.de
♦ Iwanowskis Reisebuchverlag, 🖥 www.iwanowski.de

Im Conrad Stein Verlag sind folgende für Ihre Reise evtl. interessante Titel erschienen:

♦ ReiseHandbuch **Alaska**, Hans Peter Richter und Michael Grosch, 4. Aufl. 2008, Conrad Stein Verlag, ISBN 978-3-86686-957-8
♦ OutdoorHandbuch **Kanada: Rocky Mountains Rundtour** (British Columbia & Alberta), Conrad Stein, 2009, Conrad Stein Verlag, ISBN 978-3-86686-067-4
♦ OutdoorHandbuch **USA: Route 66**, Conrad Stein, 4. Aufl. 2012, Conrad Stein Verlag, ISBN 978-3-86686-356-9

Und sollten Sie sich auch mal aus dem Mobil heraustrauen und eine kleine Wanderung oder Kanutour unternehmen wollen, was gerade in den Nationalparks in USA und Kanada empfehlenswert ist, hilft Ihnen

♦ OutdoorHandbuch **Kanada: Tageswanderungen in den Rocky Mountains**, Marion Malinowski, 2008, Conrad Stein Verlag, ISBN 978-3-86686-050-6

Vorbereitungen für den Start

Wenn Sie zum ersten Mal mit einem Wohnmobil reisen, schwirrt Ihnen vielleicht der Kopf bei so viel Neuem, das Sie sich merken sollen. Bleiben Sie ganz ruhig, es dauert nicht lange, bis Sie mit dem Fahrzeug vertraut sind. Am besten organisieren Sie sich in aller Ruhe, nachdem die Formalitäten im Büro des Vermieters und die Einweisung in das Fahrzeug abgeschlossen sind:

♦   Auspacken des Gepäcks und Einrichten der Schränke.

♦   Anpassen der Fahrer- und Beifahrersitze.

♦   Einstellen der Rückspiegel.

♦   Einstellen des Kühlschranks für den Fahrbetrieb: Temperatur und Energiequelle.

♦   Sichern der Kühlschranktür, wenn sie nicht automatisch fest schließt.

♦   Markieren der Fahrzeughöhe im Blickfeld des Fahrers.

♦   Markieren der Tanks am Monitor: Was ist rechts, was links?

♦   Schließen der Dachluken.

♦   Einholen der Stufe.

Bei der Fahrt sind Sicherheitsgurte anzulegen, nicht nur im Fahrerhaus, sondern auch in der *Dinette*, wo bis zu vier Mitreisende sitzen können. Nicht zulässig ist die Benutzung der *Swivel Chairs* genannten Sessel (meist hinter dem Beifahrersitz installiert) während der Fahrt, wenn keine Sicherheitsgurte vorhanden sind. Bei Verstößen gegen die Anschnallpflicht werden auch Touristen empfindlich zur Kasse gebeten.

Der erste Einkauf

Supermarkt

Der Vermieter kann Ihnen einen Supermarkt in der Nähe der Station nennen, in dem Sie Ihre Grundausstattung kaufen können. Am besten stellen Sie nach Ihren Lebensgewohnheiten oder Vorlieben eine Liste zusammen, die Ihnen das Einkaufen erleichtert. Die können Sie auch schon in Ruhe zu Hause aufschreiben, sie kann etwa so aussehen (ohne die Produkte nach Bedeutung zu sortieren):

Kartoffeln, Nudeln, Reis	☐	Gemüse	☐
Milch, Butter, Käse	☐	Fleisch, Wurst	☐
Marmelade, Konfitüre, Honig	☐	Fisch	☐
Konserven als Reserve	☐	Fertiggerichte	☐
Pappteller	☐	Plastikbecher	☐
Getränke, Bier, Wein	☐	Kaffee, Tee	☐
Salz, Pfeffer, Gewürze	☐	Essig und Öl	☐
Spülmittel, -bürste,	☐	Brot	☐
Obst	☐	Eier	☐
Alufolie zum Grillen	☐	Streichhölzer	☐
Küchenrollen	☐	Suppen	☐
Schwammtücher	☐	Mineralwasser	☐

☺   Wenn Sie gefragt werden, lassen Sie sich Papiertüten geben, denn so erhalten Sie gutes Anzündmaterial fürs Lagerfeuer, während die Wiederverwendbarkeit von Plastiktüten als Abfallbeutel angenehm ist. Die Pappteller und Plastikbecher sind billig und ersparen das häufig notwendig werdende Spülen, denn Geschirr ist erfahrungsgemäß nicht genug vorhanden.

✋   Sie sollten sich nicht darauf verlassen, dass der von Ihnen anvisierte erste *Campground* in seinem Laden genau das hat, was Sie brauchen. Wir haben gute Läden angetroffen, aber auch schlecht sortierte, und in manchen lag keine frische Ware in den Regalen. Die beliebten National- und Provinzpark-Campingplätze haben überhaupt keine Einkaufsmöglichkeiten.

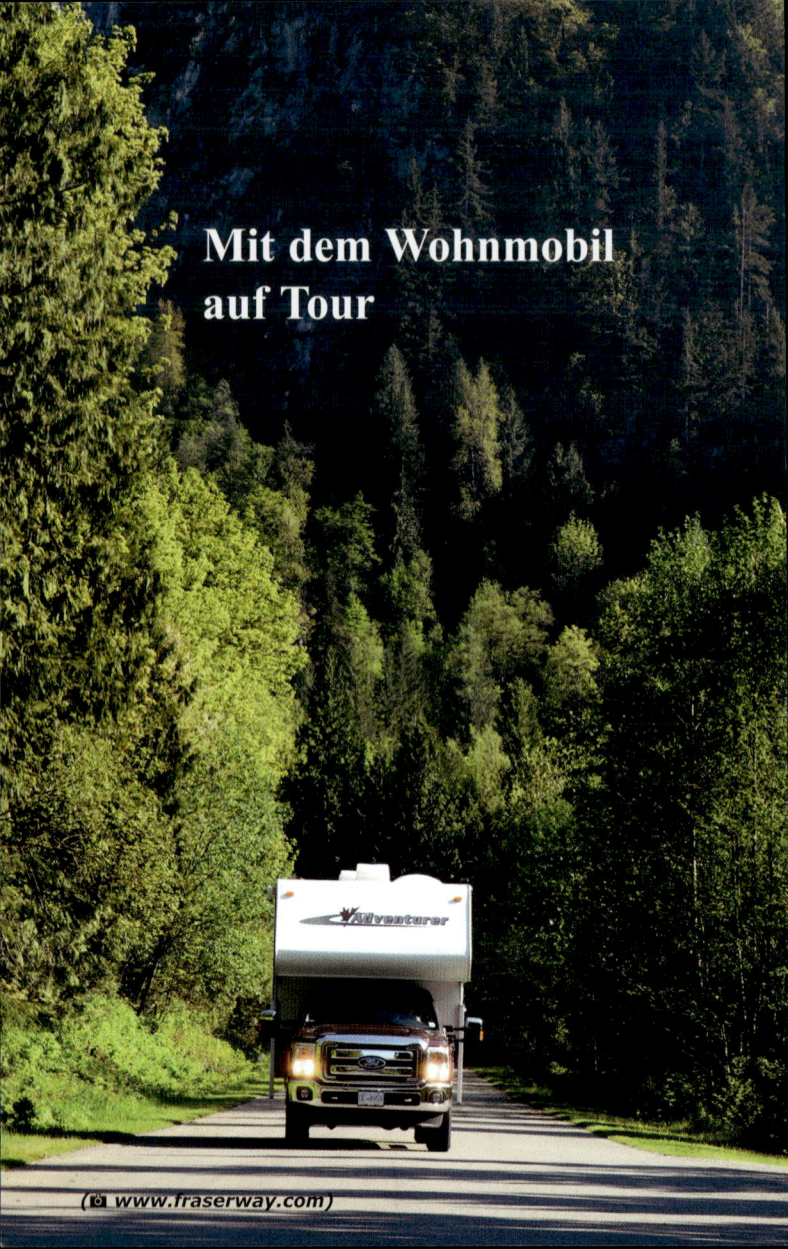

Mit dem Wohnmobil auf Tour

Versorgung und Entsorgung unterwegs

Wohnmobile haben, über den Daumen gepeilt, mit vollem Benzintank eine Reichweite von **mindestens 400 km**. Wir sind mit einem Motorhome B in den USA 480 km gefahren und haben dann 80 Liter in den Tank gefüllt. Bei dem recht dichten Netz an Tankstellen in Nordamerika sollte es nie Probleme mit der **Treibstoff**-Versorgung geben.

Bei Fahrzeugen mit zwei Tanks empfiehlt es sich, vom ersten Tank auf den zweiten umzuschalten, wenn der erste noch halb voll ist; das kann man dann als „Reserve" ansehen. Zu empfehlen ist, die Verbrauchswerte zu notieren, besonders am Anfang der Reise, denn wenn einmal die Benzinuhr falsch anzeigt, kann der Tank genau da leer sein, wo gerade einmal keine Tankstelle in der Nähe ist.

Bei **Propan** ist das Versorgungsnetz nicht ganz so dicht, aber man muss auch nicht so oft nachtanken. Propan (LP - Liquid Propan) gibt es an vielen Tankstellen, auf Campingplätzen, in einigen Staaten/Provinzen auch oder nur an Propandepots, die meistens in Gewerbe- oder Industriegebieten liegen. Im Zweifelsfall helfen die Gelben Seiten (*Yellow Pages*) des Telefonbuchs oder die *Campground Guides* für die jeweilige Region. Für eine drei oder vier Wochen dauernde Reise braucht man nur selten Gas nachzufüllen, äußerstenfalls dann, wenn man in der Nebensaison oder bei extrem schlechtem Wetter viel heizen muss, denn dabei wird das meiste Propan verbraucht.

Dumping Stations, auch *Sani Stations* genannt, dienen der Entsorgung von Schmutzwasser und zum Entleeren des Fäkalientanks. Man findet sie auf vielen Campgrounds oder als öffentliche Stationen in Städten. Private Campgrounds erlauben die Benutzung nur den eigenen Gästen oder verlangen von Durchreisenden eine Gebühr.

Frischwasser gibt es auf den meisten Campgrounds. In manchen *Provincial Parks* in Kanada gibt es zwar Frischwasser, aber keine Möglichkeit, den Wasserschlauch anzuschließen, weil das Wasser z.B. mit Handpumpen gefördert werden muss. In solchen Fällen muss man sich eine andere Versorgungsstelle suchen, z.B. die Tankstelle, die man zum nächsten Tanken aufsucht oder sich rechtzeitig einen faltbaren Kanister mit Einfüllstutzen besorgen.

✋   Achten Sie beim Auffüllen des Wassertanks darauf, dass Sie nur ein-
wandfreies Wasser nachfüllen. In manchen Gegenden wird an den Campgrounds geraten, das Wasser nur in abgekochtem Zustand zu benutzen. Solches Wasser sollten Sie nicht in den Tank füllen, denn es verdirbt die gesamte
Menge.

✋   Achten Sie auch darauf, dass der Einfüllschlauch einwandfrei sauber
ist. Wir schrauben seine beiden Enden beim Transport immer zusammen und
lassen Wasser durchlaufen, bevor wir ihn zum Auffüllen des Tanks verwenden.
Vermieter empfehlen, zum Trinken und für die Zubereitung von Eiswürfeln
das Wasser der Campgrounds nicht zu benutzen - es kommt manchmal aus
nicht kontrollierten Quellen -, sondern Wasser in Flaschen zu kaufen. Das ist
nicht immer „Mineral"-Wasser, sondern oft ganz einfach gutes, kontrolliertes
Leitungswasser.

   Lebensmittel gibt es frisch und in guter Qualität in Supermärkten, die oft
Ketten angehören und die überall in gleicher Art organisiert sind, beispielsweise Safeway, Food4Less, Vons, Fred Meyer, Overwaitea. Häufig werden
auch frisch zubereitete kalte und warme Speisen angeboten: Von der Suppe
(oft mehrere Sorten!) über Grill-Hähnchen bis zur gut sortierten Salatbar ist
alles erhältlich. Damit lässt sich schnell ein gutes Essen ohne Arbeitsaufwand
organisieren - Picknickplätze gibt es auch außerhalb der *Campgrounds*.
   In abgelegenen Gebieten findet man oft auch General Stores, die selbst
dann einen Besuch wert sind, wenn man nichts Bestimmtes kaufen will.

☺   Beeindruckend ist die **Freundlichkeit und Hilfsbereitschaft des Perso-
nals**, das Fragen nicht nur beantwortet, sondern den Suchenden zum Regal
führt. Dass die Ware nicht nur eingepackt, sondern auf Wunsch auch zum
Fahrzeug gebracht wird, ist oft selbstverständlich.

   Butter ist fast immer gesalzen. Wenn sie es nicht ist, dann steht *Unsalted*
drauf; oft findet man salzfreie Butter nur im *Delicatessen*-Bereich.
   Eindrucksvoll sind die Abteilungen mit *Bulk Food* in nummerierten Behältern, aus denen man auch kleinste Mengen selbst entnehmen und an der Kasse
bezahlen kann.

Auch die in manchen Supermärkten präsentierte Auswahl an **Kaffee** unterschiedlicher Provenienzen und Geschmacksrichtungen beeindruckt. Wir haben einmal 32 Sorten mit und 11 Sorten ohne Koffein gezählt.

Supermärkte zeichnen sich aus durch reichlich Parkplätze, eine große Auswahl an Waren, **üppige Öffnungszeiten** (manchmal sind sie rund um die Uhr geöffnet) und einen freundlichen Service. Vieles gibt es leider nur in Packungsgrößen, die für den Campingurlauber unpassend sind, besonders Waschmittel. Nehmen Sie sich für zwei, drei Wäschen Pulver oder Tabs von zu Hause mit. In Läden auf Campingplätzen bekommt man oft auch Einzelportionen.

Obwohl inzwischen zahlreiche europäische Produkte in den Supermärkten zu haben sind, gibt es einige Dinge oft nur in den **Delikatessen**-Läden oder -Abteilungen. Dazu gehören bestimmte Wurstwaren, Brotsorten (z.B. Pumpernickel, Knäckebrot) oder Käsesorten (z.B. Brie, Camembert, Gruyère; *Swiss Cheese* ist nicht unbedingt aus der Schweiz, wohl aber wenn man *Swiss Swiss* verlangt) oder auch Pfanni-Knödel. Diese Importe für den unamerikanischen Geschmack haben verständlicherweise ihren Preis.

Für einen kleinen Snack genügt der Kiosk am Wegesrand
(📷 www.fraserway.com)

Fleisch wird grundsätzlich in Supermärkten geführt, hinter deren Theken man den Metzgern oft beim Portionieren zusehen kann. Die Auswahl ist riesig, die Preise sind, gemessen an europäischen Verhältnissen, sehr günstig. Wenn man kein *Sirloin Steak* und z.B. ein *Chuck Blade Steak* wählt, dann zahlt man nur einen Bruchteil dessen, was man hierzulande zahlen müsste. In abgelegenen Gegenden kann man manchmal nur gefrorenes Fleisch kaufen, aber oft sind die abgepackten Mengen für Campingzwecke zu groß.

Auch **Fisch** und Meeresfrüchte gibt es im Supermarkt oft in guter Qualität und Frische für alle, die nicht selbst angeln können oder wollen. Fisch von Indianern zu kaufen, ist verboten und wird bestraft. Wo die Bevölkerungsdichte gering ist und jedermann selbst angelt, sucht man oft Fisch im Supermarkt vergebens.

Bäckereien gibt es gelegentlich auch außerhalb der Supermärkte, aber auch die sind nicht so häufig anzutreffen wie bei uns. Süßes findet man in einer großen Auswahl an Gebäck, oft in etwas ungewohnten Farben.

Was man selten in der Konsistenz und Qualität findet, die wir gewohnt sind, ist **Brot**. Bauernbrot aus Sauerteig (*Sourdough*) mit harter Kruste gibt es nur dort, wo ein deutscher Bäcker arbeitet und Abnehmer findet, die das Brot so mögen. Ansonsten ist Brot weiß und toastbrotartig (als Bio-Ware etwas dunkler), luftig und fast immer süßlich (achten Sie auf die Angaben der Inhaltsstoffe!).

Wenn gar kein uns genehmes Brot aufzutreiben ist, benutzen wir den Toaster (bei Anschluss ans Stromnetz) oder behelfen uns mit der Pfanne zum Aufbacken der einzelnen Scheiben.

Alkoholische Getränke werden sehr unterschiedlich behandelt. In Kanada gibt es sie fast ausschließlich in *Liquor Stores* (die aber auch schon mal dem Supermarkt angegliedert sind), in den USA bekommt man Bier und Wein auch in Supermärkten, nicht aber Höherprozentiges. Was im Supermarktregal steht und Root Beer heißt, ist eine Limonade, die an Hustensaft erinnert und mit Bier überhaupt nichts gemein hat. Alkoholfreie Getränke gibt es in großer Auswahl, mit oder ohne Zucker (die „Light"- oder „Diät"-Version heißt Diet).

Verkehrsregeln

Fahren wie die Amerikaner

Die Fahrweise der Kanadier und Amerikaner ist überwiegend defensiv und rücksichtsvoll, wenn sich auch in den vergangenen 25 Jahren die Sitten verschlechtert haben, besonders in den großen Städten und fortschreitend von Ost nach West. Hupen war immer verpönt, aber selbst in Vancouver, BC hört man neuerdings Hupkonzerte.

Das Halten der Spur ist wichtig, Spurwechsel sind mit den Blinkern anzuzeigen; Rechtsüberholen ist grundsätzlich erlaubt. Häufig haben wir in Kanada beobachtet, dass ein langsameres Fahrzeug auch bei freier Gegenfahrbahn auf den (geteerten) Standstreifen ausweicht, um ein schnelleres Fahrzeug ohne Spurwechsel überholen zu lassen. Wo das nicht erwünscht ist, stehen entsprechende Schilder, z.B. *No Driving on Paved Shoulder*, also nicht auf der geteerten Bankette fahren. Wenn Sie eine Warnung vor *Soft Shoulders* sehen, dann bezieht die sich eindeutig nur auf die (unbefestigte) Bankette!

Beim Auffahren auf einen mehrspurigen Highway oder Freeway sollte man zügig einfädeln, denn die Fahrer auf der vorfahrtberechtigten „Autobahn" ermöglichen das Einfädeln durch Verlangsamung, wenn nötig. Gelegentlich weisen Schilder *Merge* darauf hin, dass Fahrzeuge auf den Highway oder Freeway auffahren.

Im Gegensatz zu unseren Autobahnen sind Highways nicht grundsätzlich kreuzungsfrei. Auch das Linksabbiegen ist gelegentlich möglich.

Geschwindigkeitsbeschränkungen

In Nordamerika gelten generelle Höchstgeschwindigkeiten. Sie wurden spätestens während der Energiekrise in den frühen 70er Jahren eingeführt und seither nur zögerlich nach oben verändert.

Innerorts gelten wie bei uns üblich 50 km/h oder 30 mph als Höchstgeschwindigkeit. Auf den Highways werden die maximalen Geschwindigkeiten mit Schildern signalisiert, in den USA haben die **Interstate Highways** meist 65 mph, andere **Überlandstraßen** 55 mph Höchstgeschwindigkeit. Völlig freie Fahrt

gibt es nur in Montana, aber nur bei Tag (eine halbe Stunde nach Sonnen-
aufgang bis eine halbe Stunde vor Sonnenuntergang), wobei vom Fahrer ver-
nünftiges und vorsichtiges Verhalten verlangt wird (*Reasonable and prudent*).

Geschwindigkeitsbegrenzungen werden nicht immer konsequent aufgehoben, z.B. dann nicht, wenn sie sich auf eine bestimmte Verkehrssituation
beziehen, etwa eine Kurve. Wenn die Gefahrenstelle überwunden ist, kann
wieder „normal" gefahren werden.

Auch wenn die maximale Geschwindigkeit nicht in Ziffern ausgedrückt
wird, gilt in **School Zones** (gekennzeichnet durch blaues Fünfeck mit zwei
Kindern) tagsüber eine Beschränkung auf 30 km/h in Kanada, 20 mph in USA.

Die Vermieter berichten von einer zunehmenden Zahl von Strafzet-
teln, die die Wohnmobilmieter auch dann zahlen müssen, wenn sie bereits
abgereist sind. Am einfachsten ist die Abbuchung über die Kreditkarte, deren
Nummer dem Vermieter bekannt ist. Wer die Zahlung verweigert, soll sich
nicht darauf verlassen, dass er nicht belangt wird. Den Vermietern steht ein
effizientes Inkasso-Unternehmen in Deutschland zur Verfügung, das die
geschuldeten Beträge eintreibt. Die Bearbeitungsgebühren können den
„Spaß" beträchtlich verteuern.

Verkehrsampeln

Sie stehen nicht immer vor der Kreuzung wie bei uns, sondern oft hinter der
Kreuzung oder sie hängen darüber. Daran muss man sich gewöhnen, denn
wer bis zur roten Ampel vorfährt, könnte plötzlich im Querverkehr stehen -
und es kracht.

Verkehrskontrollen

Es ist ratsam, die Geschwindigkeitsbeschränkungen einzuhalten, denn sie
werden teilweise sogar aus der Luft überwacht, teils mit Radar, gelegentlich
auch aus zivil wirkenden Polizeifahrzeugen. Die verhängten Strafen sind dras-
tisch, und für Ausländer gibt es keinen Rabatt!

Wenn die Polizei einen Wagen anhalten will, nähert sie sich mit blau-
rotem Blinklicht dem zu stoppenden Fahrzeug von hinten. Dann muss man
rechts heranfahren und anhalten. Man steigt aber nie aus, sondern hält die
Hände gut sichtbar am Lenkrad, wenn sich ein Polizist von hinten nähert. Wer

nach dem Handschuhfach greift, könnte den Eindruck erwecken, dort eine Waffe versteckt zu haben.

Im wenig wahrscheinlichen Fall einer Festnahme hat man Anspruch darauf, dass die Auslandsvertretung verständigt wird. Der Konsularbeamte informiert dann über die Rechtslage und benennt im Bedarfsfall einen Anwalt. Rechtsanwaltshonorare oder Kautionen zahlt die Botschaft oder das Konsulat nicht.

Verkehrsschilder

In Europa haben sich durch die vielen Sprachen auf engem Raum bei den Verkehrsschildern Symbole entwickelt, die auf Sprache verzichten. In Nordamerika mit seiner ungeheuren Weite und - von ein paar Regionen abgesehen - einer einzigen Sprache schreibt man die Anweisungen oder Empfehlungen auf die Verkehrsschilder und verzichtet auf Piktogramme.

Beispiele:

Falling Rock	Steinschlag-Gefahr
No U Turn	Wenden verboten
Narrow Bridge	Verengung der Straße wegen Brücke
Merge	Einordnen (lassen)
Ped Xing	Fußgänger kreuzen
Men and Equipment at Work	Warnung vor Baustelle
Resume Speed	Ende Geschwindigkeitsbegrenzung
Right Lane Must Turn Right	Rechtsabbiegen ist vorgeschrieben für die rechte Spur
Two Way Traffic	Gegenverkehr
Do Not Enter	Einbahnstraße in falscher Richtung
Wrong Way	Keine Einfahrt
Hill	Gefälle
Passing Lane Ahead	Ankündigung einer Überholspur bei Strecken mit Überholverbot
No Passing when Solid Line is on Your Side	Überholverbot bei durchgezogener Linie
Railroad Crossing (auf zwei gekreuzten Balken)	Bahnübergang, auf Halten vorbereiten
Soft Shoulder	Weiche Bankette, zum Befahren nicht geeignet

Ungewohnte Verkehrsregeln

Rechtsabbiegen bei Rot: Was in der DDR der grüne Pfeil war, funktioniert in Nordamerika problemlos: Wo es nicht ausdrücklich verboten ist, darf man nach vollständigem Halten und ohne Behinderung des Querverkehrs an einer roten Ampel nach rechts abbiegen. Right Turn on Red Light ist in Kanada überall erlaubt - außer in Quebec; in USA in allen Staaten, ausgenommen einige Städte, z.B. New York, aber das ist ausgeschildert.

Stopp beim Schulbus: Wenn ein Schulbus - grundsätzlich gelb lackiert - blinkt, müssen Sie anhalten, gleichgültig, in welche Richtung Sie fahren wollen. So gibt es keine Diskussion darüber, ob der Fahrer „zu schnell" gefahren ist - er darf überhaupt nicht vorbeifahren!

4-Way-Stop: Es gibt Kreuzungen, an denen alle Fahrzeuge halten müssen. Sie sind gekennzeichnet durch ein Stoppschild mit dem Zusatz 4-WAY. Hier gilt, dass derjenige zuerst weiterfährt, der als erster angehalten hat.

Halteverbote: Außer den Zonen, in denen das Halten oder Parken mit den auch bei uns üblichen Schildern verboten ist, gilt in den USA ein generelles Halteverbot auf Highways außerhalb geschlossener Ortschaften. Wir wurden streng verwarnt, als wir auf einem von Horizont zu Horizont freien Highway im Gebiet der Four Corners zum Fotografieren am Straßenrand anhielten.

Auch für den schönsten Sonnenuntergang ist das Halten auf dem Highway eigentlich verboten (📷 *www.fraserway.com)*

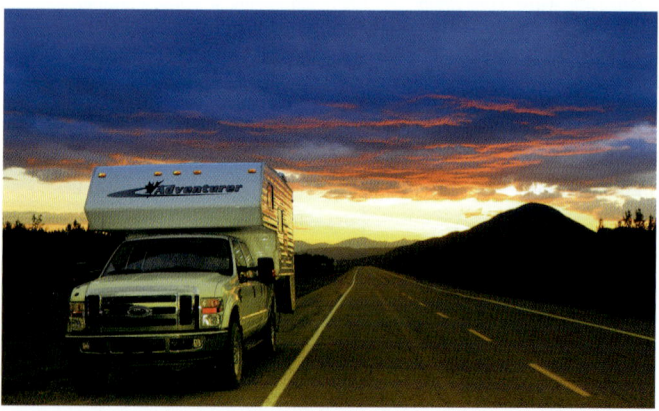

Fahren mit Abblendlicht

Auch am Tag kann das Einschalten der Scheinwerfer vorgeschrieben (Yukon Territory) oder empfehlenswert sein, z.B. bei staubigen Strecken, Regenwetter, bei Nebel sowieso. Neuere Wohnmobile sind so geschaltet, dass beim Einschalten der Zündung die Scheinwerfer mit 25 % Stärke des Abblendlichts leuchten. Die Heckleuchten brennen erst, wenn das „richtige" Abblendlicht von Hand eingeschaltet wird.

Abblendlicht in der letzten Abendsonne (📷 www.fraserway.com)

Lichthupe

Am besten ist es, wenn Sie die Lichthupe ganz vergessen, denn sie wird in Nordamerika überhaupt nicht so verstanden wie in Europa. Missverständnisse in der Bedeutung der Lichtzeichen könnten zu Problemen führen.

Fahren unter dem Einfluss von Alkohol

Drunk Driving ist ein schweres Vergehen, das grundsätzlich geahndet wird. In einigen Staaten liegt die Promillegrenze bei Nullkommanull.

Bei der Kaskoversicherung muss der alkoholisierte Fahrer für den Schaden am Mietfahrzeug in voller Höhe aufkommen; die sonst übliche Haftungsgrenze wird außer Kraft gesetzt.

Straßenzustand

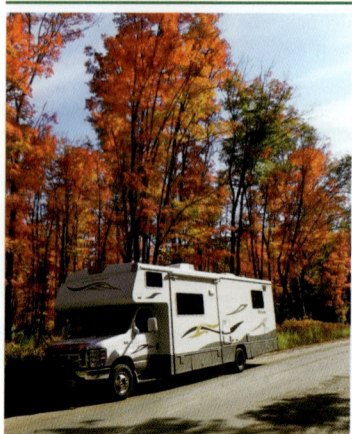

Indian Summer in Kanada
(📷 *www.fraserway.com*)

In manchen Staaten in den USA ist uns aufgefallen, dass die Straßen offenbar schon lange nicht mehr repariert worden sind. Dafür scheint kein Geld vorhanden zu sein. Schlaglöcher können bei einem schweren *Motorhome* Schäden an den Rädern, Stoßdämpfern und Federn anrichten. Wie wir schon erwähnten, gehen Schäden am Fahrgestell und den Rädern zu Lasten des Mieters. Insofern sollten Sie sich auch deshalb auf eine Fahrweise einstellen, die es erlaubt, Schlaglöchern auszuweichen.

☺   In Neuengland zieht der farbenprächtige *Indian Summer* viele Urlauber an. Über kostenlose Telefonnummern, die in den lokalen Informationsbüros zu erhalten sind oder in den kostenlosen Zeitungen stehen, die die Supermärkte auslegen, kann man nicht nur erfahren, wo die Laubfärbung gerade am schönsten ist, sondern auch, wo sich Verkehrsstaus gebildet haben oder zu befürchten sind.

Sicherheit im Verkehr

Geschlossene Türen

Es ist eine Selbstverständlichkeit, dass man alle Türen und Fenster verschließt, wenn man das Fahrzeug verlässt. Aber auch während der Fahrt sollte die Außentür zum Wohnbereich geschlossen sein. Wenn Sie sich in bestimmten Gegenden von Großstädten unsicher fühlen, ist es gut, auch die Türen im Fahrerhaus und die Fenster zu schließen. Das kann aber dann problematisch sein, wenn sich die Verriegelung bei einem Unfall nicht selbst öffnet.

Überholen

Benutzen Sie immer den Blinker (*Indicator*) beim Überholen. Scheren Sie nicht zu früh vor dem überholten Fahrzeug ein, denn ein *Motorhome* ist deutlich länger als ein Pkw! Das gilt umso mehr bei Regenwetter, denn ein Wohnmobil zieht eine große Wasserschleppe hinter sich her, und die braucht der Überholte nicht auch noch auf seiner Windschutzscheibe.

An den runden konvexen Rückspiegel, der auf den großen Spiegel aufgeklebt ist, muss man sich gewöhnen, denn er verkleinert stark. Bedenken Sie den **toten Winkel** neben und hinter dem Wohnmobil.

Wenn das *Motorhome* im Heck ein Fenster hat, kann man über den inneren Rückspiegel nicht auf die Straße sehen, aber immerhin hohe Lastwagen erkennen. Überholen ist vor Kuppen und Kurven grundsätzlich verboten.

Konvoi

Wenn Sie zusammen mit anderen Wohnmobilen reisen, sollten Sie Treffpunkte vereinbaren und möglichst nicht Kolonne oder Konvoi fahren. Schon bei nur wenig Verkehr können ein paar *Motorhomes* hintereinander das Vorbeifahren schnellerer Fahrzeuge behindern oder gar unmöglich machen.

Beim Auftreten einer Störung an einem Fahrzeug gewährt der Vermieter unter bestimmten Umständen (☞ Kapitel Versicherungen, S. 113) nur diesem eine Kompensation für Zeitverlust oder nötig werdende Umwege (etwa zu einer Spezialwerkstatt), nicht aber den anderen Gruppenmitgliedern, deren Fahrzeuge in Ordnung sind.

Sicherheitsabstand

Im Gegensatz zum Pkw muss beim Wohnmobil eine große Masse heruntergebremst werden (ein *Motorhome* vom Typ C mit etwa 22 ft Länge wiegt leer rund fünf Tonnen, ein A mit 31 ft etwa acht Tonnen!). Jede Voll- oder Notbremsung bringt in einem Wohnmobil alles durcheinander und sollte deshalb vermieden werden. Denken Sie daran, dass die Weite des Landes und das weitgehende Fehlen der bei uns üblichen Begrenzungspfosten die Abstandsschätzung erschwert.

Als Faustregel für den Sicherheitsabstand zwischen zwei Fahrzeugen sollten Sie je nach Straßenzustand und Wohnmobilgröße stets mehr als einen **halben bis ganzen Tachoabstand** Zwischenraum lassen.

Bergfahrten, Pässe

Europäer sind immer wieder überrascht, wenn sie in den Rocky Mountains zwar Passstraßen, aber nichts Vergleichbares mit den Alpenpässen antreffen. Haarnadelkurven sind weitaus seltener als in Europa, die Kurvenradien größer, die langen Steigungen folglich geringer.

Zu den Pässen, die aus dem Rahmen fallen, gehört **The Hill** am Highway 20 in BC bei Bella Coola (ungeteert, Steigung bis 18 %); der **Logan Pass** (2.031 m) an der *Going to the Sun Road* im Glacier National Park, MT (die Strecken werden von einigen Vermietern nicht erlaubt); beim **Mount Evans** nahe Denver, CO, dem mit 4.348 m auf einer ausgebauten Straße höchsten erreichbaren Punkt in den USA (zum Vergleich: Zugspitze 2.962 m, Matterhorn 4.478 m) gibt es zwar nur maximal 6 % Steigung, aber hier ist wegen der dünnen Luft Vorsicht geboten. An die Höhe sollte man auch denken in den Staaten um die Four Corners, weil man sie nicht „sieht" und das Hochplateau selbst schon Gipfelhöhe hat: der **Bryce Canyon** z.B. liegt zwischen 2.400 und 2.700 m hoch.

Bis auf wenige Ausnahmen sind die Bergstraßen gut ausgebaut
(🖾 www.fraserway.com)

☺   Sie können Benzin sparen und die Überhitzung des Motors vermeiden, wenn Sie bei längeren Bergstrecken, besonders bei großer Hitze, von Hand zurückschalten und nicht darauf vertrauen, dass die Automatik schon zum rechten Zeitpunkt schalten wird. Mit der Erhöhung der Drehzahl befördert die Wasserpumpe mehr Wasser durch den Kühler, und der Motor wird besser gekühlt als bei untertourigem Fahren. Gegen Überhitzung des Motors hilft auch, zuerst die Klimaanlage abzuschalten, beim Halten den Motor im Leerlauf eine Weile nachlaufen zu lassen und, wenn es extrem wird, die Heizung **ein**zuschalten.

✋   Kühlwasser sollte nur bei laufendem, aber nicht überhitztem Motor nachgefüllt werden. Vorsicht beim Öffnen des Kühlers: Der entweichende Dampf kann zu Verbrühungen führen! Manche Wohnmobile haben ein Ausgleichsgefäß, das es überflüssig macht, am Kühler zu hantieren und sich zu gefährden.

Bergab helfen die von Hand geschalteten Gänge, das Fahrzeug abzubremsen und das gefürchtete *Fading* der Bremsen zu vermeiden.

Seitenwind

Wohnmobile bieten dem Wind große Angriffsflächen. Besondere Gefahr droht auf Brücken oder wenn man aus dem Windschatten einer Brücke, eines Berges oder eines großen Lastwagens herausfährt.

Mitnahme von Anhaltern

Wenn es der Vermieter nicht ohnehin ausdrücklich verbietet, ist es ein großes Risiko, Anhalter mitzunehmen. Bei einem selbstverschuldeten Unfall hat man ganz schnell eine hohe Schadensersatzforderung am Hals. Sie sollten deshalb einen Anhalter nur in einem Notfall mitnehmen, z.B. wenn er eine Panne oder kein Benzin hat.

Tachoprüfung

In Nordamerika gibt es auf Highways etliche sog. **Odometer-** und **Speedometer-Teststrecken**, mit deren Hilfe Sie die Genauigkeit des Wegstreckenzählers (km, Meilen) und des Tachometers prüfen können. Das ist mehr als eine

Spielerei, denn bei nennenswerten Abweichungen (plus oder minus 10 %) kann das ins Geld gehen: erstens bei der Abrechnung des Kilometergelds, zweitens bei Übertretungen der zulässigen Höchstgeschwindigkeit. Machen Sie den Vermieter auf etwaige gravierende Abweichungen aufmerksam. Die Strecken sind mehrere Kilometer oder Meilen lang und werden rechtzeitig angekündigt. Wenn Sie mit konstanter Geschwindigkeit fahren (Tempomat), brauchen Sie für einen Kilometer oder eine Meile folgende Zeiten:

Geschwindigkeit	1 km in ... Sek.		Geschwindigkeit	1 Meile in ... Sek.
60 km/h	60		30 mph	120
70 km/h	51,4		40 mph	90
80 km/h	45		45 mph	80
90 km/h	40		50 mph	72
100 km/h	36		60 mph	60

Rückwärtsfahren

Backing up ist eine der Hauptursachen für Schäden am Fahrzeug. Riskieren Sie nichts, auch wenn Sie gegen Ende Ihrer Reise das Gefühl haben, das Wohnmobil perfekt zu beherrschen. Lassen Sie immer einen Mitreisenden aussteigen und Sie einweisen: Der tote Winkel ist hinter einem Wohnmobil größer, als Sie denken. Bei einem Schaden am Fahrzeug entfällt bei fast allen Vermietern die Haftungsbegrenzung in der Kaskoversicherung.

Motorhomes verfügen gelegentlich über ein Warngerät mit Hilfe von Radar, das alle Hindernisse in einem Abstand von 1,30 m hinter dem Fahrzeug durch einen Pfeifton signalisiert. Das ist eine schöne Spielerei, auf die Sie sich aber nicht allein verlassen sollten.

Reifendruckprüfung

Anders als bei uns gibt es an den meisten Tankstellen keine Druckmesser an den Pressluftschläuchen oder -behältern. Leihen Sie sich vom Tankwart, wenn er den Druck nicht selbst prüft, das Messgerät aus. Den Reifendruck lesen Sie an der Säule ab, die aus der Umhüllung beim Druckprüfen herausgedrückt wird.

An der Tankstelle

Es gibt Selbstbedienungs- (*Self Service*) Tankstellen und solche mit Bedienung (*Full Service*). Anders als bei uns wird an den *Full Service-Stationen* meist unaufgefordert Öl und Kühlwasser geprüft, und die Scheiben werden gewaschen. Ein Trinkgeld wird dafür nicht unbedingt erwartet.

Wenn Sie selbst tanken, muss nach dem Herausnehmen der Zapfpistole ein Hebel an der Säule umgeklappt werden, sonst läuft die Pumpe nicht.

Vor dem Tanken ist grundsätzlich die Propanzufuhr am Haupthahn abzustellen, denn der Kühlschrank arbeitet nach dem Absorberprinzip und mit einer Gasflamme, die Benzindämpfe beim Tanken entzünden könnte. Aus Sicherheitsgründen raten die Vermieter, dass alle Insassen beim Tanken aus dem Wohnmobil aussteigen.

Flash Flood und andere Naturgewalten

„It never rains in Southern California" ist ein bekannter Song; er wird auch oft zitiert, wenn man auf das bekannt gute Wetter hinweisen will. Aber das ist nur die halbe Wahrheit, denn ein paar Takte später heißt es „It never rains, it poors" - es regnet nie, aber es gießt (wenn's schon mal regnet). Das gilt nicht nur in Kalifornien, sondern auch in Arizona und New Mexico und darüber hinaus im Sun Belt der USA. Bei großen Gewitterstürmen fällt so viel Wasser vom Himmel, dass Bäche zu Flüssen werden, Flüsse zu Strömen, die über ihre Ufer treten, dass Canyons und Schluchten Volllaufen und die Strömung alles mitreißt, was sich nicht in Sicherheit bringen konnte.

Das sind die gefürchteten *Flash Floods*. An etlichen gefährdeten Stellen, z.B. an Senken, durch die der Highway verläuft, stehen Warnschilder, die man sehr ernst nehmen muss, wenn sich schlechtes Wetter ankündigt. *Flash* heißt Blitz, und oft kommen die Überschwemmungen auch blitzartig. Immer wieder werden Urlauber überrascht, die sich in Canyons aufhalten und ihre Gedankenlosigkeit mit dem Leben bezahlen müssen.

Achten Sie bei der Stellplatzwahl darauf, dass Sie nicht durch Hochwasser oder Muren gefährdet werden können und merken Sie sich für einen Notfall den schnellsten „Ausweg". Wo immer es ging, haben wir unser Wohnmobil so geparkt, dass wir ohne Rangieren hätten wegfahren können.

Mögliche Probleme

Defekte und ihre Reparaturen

Auch wenn man sich wünscht, von diesen unangenehmen Ereignissen verschont zu bleiben, sollte man sich doch darüber klar sein, dass Aggregate so komplizierter technischer Geräte wie Wohnmobile trotz Wartung und Pflege ausfallen können.

Defekte können auch durch das Fehlverhalten eines Vormieters verursacht worden sein, wenn dem Vermieter eine Störung nicht gemeldet wurde. Das Prinzip „nach mir die Sintflut" zeugt von schlechtem Stil, denn der Mieter muss nicht für Störungen zahlen, an denen er nicht schuld ist. Der Vermieter kann den Schaden beheben und und späteren Mietern Ärger ersparen.

Es ist nie ein Fehler, den Vermieter bei einer Störung zu konsultieren. Wenn Reparaturen notwendig werden, übernimmt der Vermieter die Kosten über einem im Vertrag festgesetzten Dollarbetrag (meist $ 50) nur dann, wenn er die Reparatur vorher genehmigt hat. Solange ein Fahrzeug noch unter Garantie läuft, bekommt der Vermieter die Kosten vom Hersteller erstattet, aber nur, wenn sich der Mieter vertragsgemäß verhält.

Die meisten Vermieter haben eine kostenlose Telefonnummer, die mit 1-800- beginnt. Auch mittels *Collect call* kann man mit dem Vermieter notwendig werdende Maßnahmen vereinbaren. Manche Vermieter haben Verträge mit bestimmten Werkstattketten und Reifenfirmen, die für Reparaturen benutzt werden müssen.

☹   Von manchen Urlaubern werden die Konditionen der Vermieter als kleinlich empfunden. Sie wurden in den 25 Jahren, in denen wir Nordamerika bereist haben, ständig verschärft, weil sich eine Minderheit von Urlaubern schlecht benommen hat. Selbst die freundlichsten Kanadier und Amerikaner werden auf wiederholtes Fehlverhalten und Vertragsbruch reagieren.

Da wurde beispielsweise ein Fahrzeug mit einer Schmutzschicht zurückgegeben, unter der sich Schäden im Aufbau verbargen.

Konsequenz: Die Vermieter verlangen jetzt meist, dass das Wohnmobil nicht nur innen, sondern auch außen gereinigt zurückgegeben wird. Dafür ist Zeitaufwand nötig, und wenn man eine für Lkw geeignete Waschanlage benutzt, kostet das auch noch Geld. Aber das größte Problem ist oft, eine für Wohnmobile passende Waschanlage überhaupt zu finden!

☺ Bei einer Panne ist die Warnblinkanlage einzuschalten. Wenn vorhanden, sind die Reflektoren aufzustellen (Warndreiecke sind nicht sehr verbreitet). Notfalls kann man ein Tuch an die Antenne binden; das wird als Wunsch nach Hilfe verstanden. Halten Sie das Fahrzeug geschlossen. Bitten Sie haltende Verkehrsteilnehmer, den Automobilclub, die Polizei oder eine Tankstelle bzw. Werkstatt anzurufen.

Reifenwechsel

Wenn ein Reifen defekt ist und gewechselt werden muss, ist der Urlauber meist in einer schwierigen Situation, denn die Radbolzen sind oft so fest angezogen, dass sie sich von Hand nicht lösen lassen. Wir konnten einmal das Reserverad nicht abnehmen, weil dafür ein Spezialwerkzeug nötig war, das aber der Vermieter nicht mitgegeben hatte. Am besten ist es, sich helfen zu lassen (Tankstelle, Reparaturwerkstatt).

Mitglieder einiger Automobilclubs (ADAC, AvD, ÖAMTC, TCS, ACS) genießen die Vorteile der Pannenhilfe durch die nordamerikanischen Partnerclubs ⊛ und ⊛.

Fremdhilfe ist besonders dann vonnöten, wenn der innere Reifen bei Zwillingsrädern gewechselt werden muss. Aus Angst vor Regressansprüchen der Mieter bei einem Unfall während des Reifenwechsels geben einige Vermieter überhaupt keinen Wagenheber mehr in die Wohnmobile.

Sollte ein neuer Reifen erforderlich werden, ist es günstiger, ihn beim Reifenhändler zu kaufen als an der Tankstelle. Der Vermieter ist, weil der Reifen mehr kostet als der ohne Rücksprache genehmigte Betrag für Reparaturen, immer vor dem Reifenkauf zu konsultieren. Dabei sagt er Ihnen auch, ob er den defekten Reifen zurück haben möchte.

Verkehrsunfall

Für jeden Unfall, auch wenn der Schaden noch so gering ist, verlangen die Vermieter und ihre Versicherungen einen Unfallbericht (*Police Report*). Wenn der nicht vorliegt, muss der Mieter für alle Schäden aufkommen! Der Polizeibericht ist sofort an Ort und Stelle zu veranlassen; er ist auch gefordert für

Kaskoschäden; ganz wichtig auch bei Schäden, die durch Fahrerflucht verursacht worden sind. Der Vermieter ist in jedem Fall sofort zu informieren.

Vom *Automobile Club of Southern California* im ⒶⒶ liegt uns das Faltblatt „How to handle an accident" vor, in dem steht, was man als Unfallbeteiligter tun und was man lassen sollte. Es hat auch einen kleinen Fragebogen, in dem alles Wichtige für die Schadensabwicklung festgehalten werden kann:

▷ Der Fahrer muss sich dem Unfallgegner und der Polizei gegenüber ausweisen (Führerschein, Fahrzeugpapiere, Reisepass).

▷ Der Fahrer muss Erste Hilfe leisten, Polizei und Rettungsdienst anrufen.

▷ Bei Sachschäden über $ 500, Personenschäden und Todesfällen ist in Kalifornien das *Department of Motor Vehicles* innerhalb von 10 Tagen zu unterrichten.

▷ Der Polizei gegenüber ist der Nachweis zu erbringen, dass das Fahrzeug versichert ist (Versicherungsgesellschaft und Policennummer).

▷ Über die Schuldfrage soll nicht diskutiert werden; nur Fakten sind festzustellen.

▷ Über den Hergang des Unfalls soll mit niemandem außer der Polizei und einem Vertreter der Versicherung, der sich eindeutig ausweisen muss, gesprochen werden.

Diese Fragen sollten in dem **Unfallbericht** beantwortet werden:

▷ Wann geschah der Unfall? - „When did the accident happen?": Datum, Uhrzeit.

▷ Wo geschah der Unfall? - „Where did the accident happen?": Straße, Stadt.

▷ Wurde jemand verletzt? - „Was anyone injured?": Fußgänger, Insasse des eigenen Fahrzeugs, wer sonst? Name(n) und Adresse(n).

▷ Gibt es Zeugen? - „Was there a witness?": Name(n), Adresse(n).

▷ Wurde ein Polizeibericht erstellt? - „Was a police report taken?": Polizeistation (Department), Reportnummer.

▷ Unfallgegner - „The other party": Name, Adresse, Telefonnummer(n), Führerscheinnummer, Geburtsdatum, Eigentümer des Fahrzeugs, Versicherungsgesellschaft, Policennummer.

▷   Das gegnerische Fahrzeug - „The other auto": Kennzeichen, Staat/Provinz, Baujahr, Marke/Modell, Farbe, Anzahl der Insassen, Wetterverhältnisse, Straßenzustand, Verkehrsverhältnisse.

▷   Entstandener Schaden:
    a) am eigenen Fahrzeug - „Where is the damage to your auto?"
    b) am gegnerischen Fahrzeug - „The other auto?".

▷   Unfallhergang - „How did the accident happen?": Eine ausführliche Beschreibung ist gefragt. Machen Sie eine Skizze über den Unfallhergang, fotografieren Sie die Schäden und die Stellung der Fahrzeuge zueinander.

Fahrerflucht

Wenn Sie einen Schaden am Fahrzeug feststellen, der z.B. beim Parken während Ihrer Abwesenheit von einem anderen Verkehrsteilnehmer an Ihrem Wohnmobil verursacht wurde, dann müssen Sie den innerhalb von 48 Stunden der Polizei melden und dem Vermieter ein Protokoll dafür mitbringen, weil Sie sonst für den Schaden unbegrenzt haften - mit Protokoll nur bis zur Höhe der Selbstbeteiligung (abhängig von der gezahlten Prämie).

Fahrerflucht heißt *Hit-and-run*. Wir hatten einen solchen Fall in Oregon und bekamen von der freundlichen Polizei ein paar Polaroidfotos des Schadens zusammen mit dem Police Report.

Sicherheitsaspekte und Notfallhilfe

Was tun, wenn ...

Im Urlaub denkt man nicht gern an Probleme, doch vor Diebstahl, Einbruch zu Hause, Verlust des Reisepasses, Führerscheins oder Geldes, Unfällen, Krankheits- und Todesfällen in der Familie kann niemand sicher sein. Einige Vorkehrungen im Hinblick auf Sicherheit und Gesundheit finden Sie im ☞ Kapitel Vorbereitungen einer Nordamerikareise, S. 86.

In vielen Fällen können die Botschaften und Konsulate den Bürgern ihres Landes helfen. Sie sind den Broschüren im Passformat „Konsularhilfe für Deutsche im Ausland" (vom Auswärtigen Amt herausgegeben) und „Tipps für Auslandsreisende" (herausgegeben vom österreichischen Bundesministerium für auswärtige Angelegenheiten) entnommen.

Anschriften und Telefonnummern der Botschaften und der Konsulate finden Sie in den amerikanischen und kanadischen Telefonbüchern (*Telephone directories*) unter *Embassies* oder *Consulates*.

▷ **Passverlust:** Die Auslandsvertretung kann einen Pass für die Rückreise ausstellen.

▷ **Geldverlust:** Die Auslandsvertretung vermittelt Kontakte zu Verwandten oder Freunden zu Hause und zeigt schnelle Überweisungswege auf. Bis zum Geldeingang zahlt sie gegen Rückzahlungsverpflichtung ein Überbrückungsgeld und gewährt notfalls eine rückzahlbare Hilfe für die Heimreise.

▷ **Probleme mit Behörden:** Die Auslandvertretung kann vermitteln.

▷ **Sprachprobleme:** Die Auslandsvertretung kann Übersetzer benennen.

▷ **Rechtsprobleme:** Die Auslandsvertretung benennt einen vertrauenswürdigen Anwalt; bei einer Festnahme stellt sie die anwaltliche Vertretung sicher und benachrichtigt die Angehörigen zu Hause.

▷ **Gesundheitsprobleme:** Die Auslandsvertretung kann Ärzte oder Fachärzte benennen.

▷ **Tod eines Staatsbürgers:** Benachrichtigung der Hinterbliebenen und Hilfe bei der Erledigung der Formalitäten vor Ort.

Die Auslandsvertretungen können **nicht** Ersatzdokumente für Führerschein oder Personalausweis ausstellen, Ihre Schulden bezahlen oder die Fortsetzung des Urlaubs finanzieren, in laufende Gerichtsverfahren eingreifen, Sie vor Gericht vertreten, die Kosten von Such- und Rettungsaktionen übernehmen oder als Filiale von Reisebüros, Krankenkassen oder Banken tätig werden.

Auf dem Campingplatz

Allgemeines

Nordamerika ist für den naturnahen Urlaub hervorragend geeignet, denn in Kanada und den USA sind Campingplätze in großer Zahl vorhanden. Selbst dort, wo sich Urlauber konzentrieren, sei es in schönen Gegenden nahe großer Städte, sei es in National- oder Provinz-/Staats-Parks oder an Meeres-stränden und Badesee-Ufern, hockt man nicht so aufeinander wie in Europa.

Dass Campingplätze voll sein können, haben wir auch außerhalb der Hochsaison erlebt, in Kanada z.B. am ersten langen Wochenende im Mai (*Victoria Day*), an dem scheinbar jeder, der ein RV, ein Zelt oder einen Trailer hatte, im Okanagan Valley in den warmen Seen baden wollte. Wer nicht rechtzeitig - und das heißt in einem solchen Fall: Freitagmittag - seinen Stell-platz erreicht und keine Reservierung im Voraus gemacht hat, muss Glück haben. Dann ist Geduld vonnöten und Flexibilität in der Reiseplanung, manchmal auch ein Umweg, wenn es nicht gelingt, einen Stellplatz zu finden.

Private und öffentliche Campgrounds

Campground-Etikette

Die Unterscheidung in private und öffentliche Campgrounds ist sehr grob und orientiert sich nur an den Besitzverhältnissen. Wir werden innerhalb der Kategorien eine Reihe von Besonderheiten beschreiben. Welche Art Camp-ground Sie wählen, hängt nicht nur von den Vorlieben ab, sondern auch von Ihrer Route: Manchmal haben Sie keine Wahl, weil es nur einen gibt oder weil der von Ihnen vorgesehene voll ist.

Bei allen Unterschieden haben die Campgrounds eines gemeinsam: Man benimmt sich anständig, hält Ruhe, respektiert andere Stellplätze und ist freundlich zu seinen Mit-Campern. Sie meinen, das sei selbstverständlich? Ist es leider nicht, denn sonst müssten die Campingplatzbetreiber und die Wohnmobilvermieter nicht auf die Umgangsformen auf dem Campingplatz ausdrücklich hinweisen.

So schreibt z.B. ein Vermieter in seinem deutschsprachigen „Camping-handbuch": „Sie sind Teil einer „Gemeinschaft", und es wird erwartet, dass

Sie sich stets nachbarschaftlich verhalten und die Regeln des Campingplatzes befolgen". Zu denen gehört, dass der Betrieb des Generators zu bestimmten Zeiten untersagt ist, dass man bei später Ankunft möglichst wenig Lärm macht und nur gemäßigtes Licht benutzt, um mögliche Nachbarn nicht zu stören.

Zum korrekten Verhalten gehört nach unserer Meinung auch, was aber in Nordamerika gar nicht so empfunden wird: Lassen Sie den Motor Ihres Wohnmobils nicht unnötig im Stand laufen!

☺ Wenn Sie Ihren Stellplatz auf einem Campground in Besitz genommen haben, können Sie ihn „sichern", indem Sie Eimer und Besen oder einen Klappstuhl oder ein handgemaltes Schild *Taken* (besetzt) zurücklassen. So können Sie in kritischen Ferien- oder Feiertagszeiten einen *Campground* früh anfahren und bis zum Abend auf Besichtigungsfahrt gehen. Diese „Markierungen" werden respektiert, und das sollten Sie natürlich auch tun.

Nicht nur auf Campingplätzen oft abenteuerlich - Stromversorgung in Vancouver (dg)

Auch im Hinblick auf die Sauberkeit gibt es zwischen privaten und öffentlichen Plätzen kaum Unterschiede. Uns sind gelegentlich abenteuerliche Installationsarbeiten aufgefallen, die bei uns kein Mensch gebaut oder akzeptiert hätte - aber die Duschen, Toiletten und Waschbecken waren sauber und funktionierten, und darauf kommt es an.

Private Campingplätze

Private Campingplätze bieten weniger Platz für das einzelne Wohnmobil als solche in Staats-, Provinz- oder Nationalparks. Das ist verständlich, denn die Eigentümer oder Pächter müssen von den Einnahmen einer mehr oder weniger kurzen Touristensaison leben.

Die Ausstattung der privaten Campingplätze ist oft deutlich besser als die der öffentlichen. Das reicht vom Kinderspielplatz und *Swimming Pool* über Duschen, WC und Waschmaschinen mit Trocknern bis zum Laden für Lebensmittel, Campingzubehör und Souvenirs. Auch die privaten Plätze sind mit denen in europäischen Urlaubsregionen nicht zu vergleichen, denn so eng wie bei uns geht es in Nordamerika fast nirgends zu.

Private Campgrounds haben ein *Office*, wo man eincheckt und die Formalitäten erledigt. Außer Namen und Adresse wird nach dem Kennzeichen und der Marke des Wohnmobils gefragt.

Viele private Plätze erlauben kein „Lagerfeuer", auch nicht zum Grillen des Steaks. Andere wiederum verkaufen Brennholz und lassen Feuer nur in ausgedienten Lkw-Felgen zu, über die man einen Grillrost legen kann. Der Picknicktisch ist Standard, aber oft nicht so urig wie der massive Tisch auf Campgrounds in den Parks.

Hier ist es erlaubt, ein Feuer zu machen (*www.fraserway.com)*

Die Freundlichkeit und Hilfsbereitschaft der Campingplatzbetreiber ist riesig und wohltuend. Ein kleiner Schwatz und die üblichen Fragen des „Woher? - Wohin?" gehören ganz einfach dazu. „Geschäftigkeit" oder Hektik haben wir auf vielen Reisen nicht angetroffen.

Öffentliche Campingplätze

Öffentliche Plätze haben als Minimumausstattung für jeden Stellplatz Picknicktisch und Feuerstelle, meist mit Grillrost. Nicht überall gibt es Trinkwasser, manchmal muss man es mit einer Handpumpe fördern und kann es nicht ohne Trichter - wer hat den schon? - in den Wassertank füllen.

Nicht überall gibt es Waschräume mit Duschen und WC, aber stets sind Toilettenhäuschen vorhanden, die man am besten mit „Plumps-Klo" bezeichnet (*Pit toilets*). Hook-ups sind selten anzutreffen, aber dafür liegen die öffentlichen Plätze in aller Regel schöner, und jedes Wohnmobil kann über reichlich Platz verfügen.

Große Campingplätze in National- oder Provinz-/Staats-Parks haben am Eingang eine Kontrollstation, wo man den Stellplatz zugewiesen bekommt und bezahlt. Andere Plätze sind frei zugänglich - die Schranke wird nur für die Nachtstunden geschlossen; man kann sich den Stellplatz selbst aussuchen. An den Platznummer-Pfosten neben den Stellplätzen kann man erkennen, ob der Platz belegt oder frei ist. Allgemein sind die Stateparks besser ausgestattet und sehr sauber. Für eine Nacht zahlt man ab $ 25.

Man zahlt die Gebühr, indem man den geforderten Betrag in einen Umschlag steckt, den man bei der Einfahrt (*Self registration*) mitnimmt. Einzutragen sind Name, Adresse, Autokennzeichen, Stellplatznummer, Personenzahl und Datum. Man schließt den Umschlag und wirft ihn in eine Zahlbox am Eingang. Der Kontrollabschnitt mit der Nummer des Umschlags wird am Nummernpfosten des Stellplatzes befestigt. Wenn das nicht so ist, können Sie am späten Abend mit einem Besuch des Rangers rechnen, der persönlich zum Kassieren kommt.

Öffentliche Campingplätze haben oft einen Bereich, wo nur Gruppen übernachten dürfen.

Bei großem Wohnmobilandrang werden weniger gut präparierte, parkplatzähnliche Flächen, sog. Overflow Areas, geöffnet.

Hook-ups

Hook-ups heißen die Anschlüsse an die Trinkwasserleitung, das Stromnetz und die Kanalisation. Es gibt sie meist nur bei privaten Campingplätzen (selten in Parks). Manchmal kann man wählen, ob man den einen oder anderen

Anschluss wünscht oder im Bereich ohne Anschlüsse übernachten will. Die Campinggebühren sind ohne Anschluss niedriger als mit. Außerdem steht man in dem von den Versorgungseinrichtungen weiter entfernten Teil des Campgrounds oftmals ruhiger - es sei denn, der Kinderspielplatz ist nahebei oder ein Generator läuft, weil der Urlauber die Klimaanlage, die Mikrowelle oder den Fernseher betreibt.

Die Verbindung zum **Trinkwassernetz** wird über den mitgeführten Wasserschlauch hergestellt. Der sollte während der Fahrt leer und sauber verstaut sein; am besten ist es, beide Enden zusammenzuschrauben und den Schlauch vor dem Füllen des Wassertanks

Stromanschluss und Wasser-Einfüllstutzen (fn)

oder dem Anschluss an die Wasserleitung gründlich durchzuspülen. Der verschließbare Einfüllstutzen des Wassertanks liegt bei fast allen Wohnmobilen auf der Fahrerseite, dort ist auch der Anschluss an die Wasserleitung. Die bordeigene Wasserpumpe muss abgeschaltet werden, wenn das Wohnmobil an die Wasserleitung angeschlossen ist. Über Nacht kann es ratsam sein, auf das Druckwasser zu verzichten und den Hahn der Leitung zuzudrehen, denn gelegentlich ist der Druck so hoch, dass die Rohrleitungen im Wohnmobil undicht werden.

Der Anschluss an das **Stromnetz** (110 V) erfolgt über das Stromkabel, das in der Regel ebenfalls auf der Fahrerseite in einem verschließbaren Fach verstaut ist. Zum Stromkabel sollte ein dreipoliger Adapter vorhanden sein, weil die Campgrounds oft zwei verschiedene Steckersysteme haben, abhängig von der Stromstärke (15 und 30 Ampere). Wie im Haushalt üblich, gibt es im Wohnmobil auch Sicherungen mit Automaten, über deren Platzierung man Bescheid wissen sollte.

☝ Aus eigener Erfahrung wissen wir, wie wichtig es ist, die Klappe des Staufachs für das Kabel nicht nur zuzumachen, sondern es auch mit dem Plastikschieber um das Kabel herum zu schließen, damit nicht kleine Nagetiere wie Mäuse über das Kabel ihren Weg ins Wohnmobil finden. Wir wurden einen solchen „blinden Passagier" einige Tage lang nicht los und fanden unsere Vorräte in den Schränken und Fächern angefressen - von den nächtlichen Aktivitäten ganz abgesehen.

Die Verbindung zur **Kanalisation** oder zur Fäkaliengrube wird mittels Abwasserschlauch (mit Bajonettverschluss) hergestellt. Er kann an unterschiedlichen Stellen im Wohnmobil verstaut sein: oft in der hinteren Stoßstange - dann ist er meistens lang genug - oder in einem verschließbaren Fach auf der Wohnmobilseite, in das der dehnbare Schlauch hineingedrückt werden muss - dann ist er oft so kurz, dass er zwar das Leeren des Tanks erlaubt, aber auf dem Campingplatz nicht ausreicht, einen dauerhaften Anschluss herzustellen.

Konsequenz: Man kann die Tankventile nicht offen lassen, sondern muss alles Abwasser im Tank auffangen und den dann in einem weiteren Arbeitsgang an der *Dump Station* oder *Sani Station* entleeren. Das soll dazu beitragen, dass sich die Fäkalien und das spezielle Toilettenpapier nicht stauen und die Sensoren der Tankanzeige nicht außer Betrieb setzen können. Dass man die Tanks nicht in der freien Natur entleert, ist nicht nur eine Forderung des Umweltschutzes, sondern auch ein Gebot des Anstands.

Auf öffentlichen Campgrounds gibt es häufig zwei Zapfstellen für Wasser: Die eine enthält Trinkwasser (und ist folglich mit *Drinking Water* bezeichnet), die andere zum Trinken ungeeignetes *Flushing Water* zum Nachspülen des Abwasserschlauchs.

Mit der *Preparation Fee* (Bereitstellungsgebühr) haben Sie nicht nur die erste Füllung Propan, sondern auch eine Grundausstattung an WC-Chemikalien und Toilettenpapier beim Vermieter bezahlt. Wenn Sie nachkaufen müssen (Campground, RV- oder Zubehörhändler), sollten Sie auf das richtige Papier achten, denn es muss sich im Tank auflösen, um Verstopfungen in den Leitungen zu verhindern.

Nach dem Leeren und vor dem Einfüllen der Chemikalien (Pulver oder flüssig) sollte der Tank gut durchgespült und mit etwa zehn Liter Wasser gefüllt werden.

Reservierungen

Für eine Reihe von *Campgrounds* sind Reservierungen möglich, aber sie schränken die Reisefreiheit doch stark ein. Von Fall zu Fall kann man von einem privaten Campingplatz zum nächsten oder übernächsten einen Stellplatz reservieren lassen. Informationen darüber finden Sie in den Straßenkarten oder den Campground Guides.

Kaum ein Problem für europäische Urlauber dürfte sich daraus ergeben, dass viele Campgrounds in National- oder Provinz-/Staats-Parks die **Aufenthaltsdauer** beschränken, denn die sieben Tage als Maximum reichen selbst den gemächlicher reisenden Wiederholern bestimmt aus.

☺   Für die erste Nacht nach Wohnmobilübernahme und die letzte Nacht vor Fahrzeugrückgabe nennt Ihnen der Vermieter einen günstig zu Ihrer Route gelegenen Platz (☞ Kapitel Einführung in das Wohnmobil, S. 107).

Lagerfeuer

„Ein Feuer macht ein Heim aus der Wildnis", sagt ein kanadisches Sprichwort. Für Europäer ist das Lagerfeuer bei einem Campingurlaub etwas ganz Wichtiges. Die Gründe sind vielfältig und reichen vom Romantischen bis zum Praktischen. Nur davon wollen wir hier reden.

Praktisch ist das Feuer bzw. die Glut zum Grillen von Steaks oder Würsten, zum Fernhalten von Moskitos und zum Wärmen (wenigstens einseitig!) an einem kühlen Abend. Holz kann man in Kanada auf den *Provincial Campgrounds*, vom Ranger, der abends vorbeikommt, kaufen. Auf den Nationalpark-Plätzen gibt es das Holz kostenlos, dafür benötigt man dort ein kostenpflichtiges Fire Permit.

Auch auf privaten Plätzen kann man, wenn ein Lagerfeuer überhaupt erlaubt ist, Holz kaufen. Das gilt auch überwiegend für die USA, besonders in Gegenden ohne große Waldbestände. Dort ist es möglicherweise sinnvoll, sein Abendessen auf einem Holzkohlengrill zuzubereiten, den man vielleicht beim Vermieter mieten kann.

Bis ein Lagerfeuer zum Grillen geeignet ist, braucht man schon einige Stücke Holz - und reichlich Zeit, denn die Glut muss ohne Flammen in den Feuerstellen hoch genug sein, wenn die Steaks gut schmecken sollen. Der Grillrost ist nämlich in der Höhe nur selten verstellbar.

Neuerdings werden Lagerfeuer dann untersagt, wenn eine Inversionswetterlage das Abziehen des Rauchs beeinträchtigt oder - schon immer - verständlicherweise bei großer Trockenheit und Waldbrandgefahr.

Wichtig: Es ist grundsätzlich verboten, Holz von einem öffentlichen *Campground* mitzunehmen. Man darf sich also nicht für ein späteres Lagerfeuer mit gutem Holz eindecken! Und noch etwas darf man nicht in einem US-Nationalpark: gefallene Bäume oder Äste aus dem Wald zur Feuerstelle holen und sie verbrennen.

Im Wald ist es nur dann erlaubt, ein Lagerfeuer zu entzünden, wenn keine Waldbrandgefahr droht (📷 www.fraserway.com)

Dieser Grill ist ideal für Camper: Ein Edelstahlstab wird in den Boden gehauen und der Grillrost kann beliebig gedreht und in der Höhe verstellt werden. (Findet man in Ausrüstungsgeschäften.) Dann noch zwei Aluminiumschalen (gibt es in jedem Supermarkt), eine für die Kohle und eine umgedreht als Fuß: fertig ist der Grill. Lässt sich nach Gebrauch gut reinigen und ist verpackt nicht dicker als 1 cm! (dg)

Ein Lagerfeuer zu „bauen" (*to build a fire*) ist für viele Zivilisationsmenschen manchmal schwierig, sogar mit trockenem Holz. Die Gelegenheiten sind in Europa selten geworden, hat man doch häufig nicht einmal mehr die Möglichkeit oder Erlaubnis, überhaupt etwas im Freien zu verbrennen.

In den Informationen der Parkverwaltungen über Campgrounds und Lagerfeuer findet man stets den Hinweis, dass man das Feuer nie unbewacht brennen lassen soll, dass es beim Verlassen des Platzes gelöscht werden muss - die Asche sollte höchstens handwarm sein - und dass so viel Freiraum um das Feuer herum bleiben muss, dass es keinen Schaden anrichten kann.

Über das Anzünden eines Feuers wird nichts gesagt. Aber darin liegt ein ganz besonderer Reiz: Holz holen von der zentralen Lagerstelle auf dem Campground, es mit der gemieteten Axt hacken, Späne zum Anzünden von größeren Holzstücken abspalten, etwas Papier (Supermarkttüten oder Werbezeitungen) einfügen, alles sinnvoll schichten, damit ein Kamineffekt entsteht, und dann nur ein Streichholz brauchen - das ist ein *One-match fire*, das aber der Pflege bedarf, bis seine Glut zum Braten eines Steaks oder der *Spare Ribs* geeignet ist.

Wenn die Glut für das Braten des Steaks richtig ist (keine Flammen, hellgraue Asche über der Glut), dann legen wir ein Stück starke Alufolie über den Grill, der uns oft nicht appetitlich sauber genug war. Bei großer Hitze schließen sich die Poren des Fleisches schnell; wenn sich trotzdem Saft bildet, stechen wir die Folie ein wenig an und lassen ihn abfließen, damit das Fleisch nicht „kocht" sondern brät.

Wer Kartoffeln und Zwiebeln in Folie garen will, sollte dafür sorgen, dass ein wenig Wasser mit in die Folie eingewickelt wird. Die *Baked Potatoes* haben ihren Platz nicht im Feuer, sondern in der Asche an seinem Rand. Garzeiten möchten Sie wissen? Sorry, die hängen von den Kartoffeln und der Hitze des Feuers ab. Aber beim zweiten oder dritten Mal bekommen Sie das schon hin!

Packen:
Die letzte Nacht auf dem Campground

Alles hat ein Ende, auch der schönste Urlaub in Nordamerika. Den Übergang in den Alltag kann man fließend gestalten, indem man in der letzten Woche planmäßig einkauft und vermeidet, dass viele Lebensmittel übrig bleiben. Das Personal an den Vermietstationen „entsorgt" zwar Überbleibsel, die eine lange Gebrauchsdauer haben (Salz, Konserven etc.), aber angebrochene Packungen kann man anderen nicht unbedingt zumuten.

☺   Wir haben es eingangs schon angesprochen, ob man sein leeres Gepäck vom Vermieter verwahren lässt oder es, zumindest in größeren Wohnmobilen, in den Stauräumen während der Fahrt bei sich hat. Das hat den Vorteil, dass am Abend vor der Wohnmobilrückgabe bereits gepackt werden kann. So lassen sich der Wohnbereich und die Küche auch reinigen, denn die Mietbedingungen schreiben zumindest eine Reinigung des Fahrzeuginneren vor.

Was „sauber" ist, unterliegt oft differierenden Ansichten zwischen Mieter und Vermieter. Wir haben etliche Male den Spruch von Mietern gehört, dass sie das Fahrzeug sauberer zurückgegeben haben, als sie es übernommen hatten.

Tisch-Bank-Kombination auf einem privaten Campground am Tabor Lake (British Columbia/Kanada). Eine Tischdecke sollten Sie immer dabei haben - die Tische sind meistens etwas schmutzig (Regen, Tiere, Staub). (dg)

Zum Packen der Koffer und/oder anderer Gepäckstücke hat man auf einem Campground mehr Platz als an der Vermietstation, denn ein großer Picknicktisch ist ein praktischer Packtisch für das Gepäck. Auf dem Campingplatz braucht man mit Wasser nicht zu geizen, man kann auch die Tanks vor der Abfahrt am nächsten Morgen leeren und riskiert nicht, mit Reinigungsgebühren bei der Rückgabe belastet zu werden.

Es versteht sich von selbst, dass sich für die letzte Nacht ein privater, gut ausgestatteter Campground besser eignet als ein zwar schön gelegener und geräumiger öffentlicher Platz, der aber keine Duschen, kein warmes Wasser und keine *Hook-ups* hat.

Da die meisten Vermieter die Fahrzeugrückgabe am Vormittag bis elf Uhr vorschreiben, ist der Bereich ohnehin „überschaubar", in dem man die letzte Nacht verbringen muss, denn mehr als 100 km am letzten Morgen sollte man auf keinen Fall fahren. Schließlich erfolgt der Rückflug (meist nachmittags) zu einer feststehenden Zeit - das Flugzeug wartet nicht, wenn Sie sich verspäten sollten.

Rückgabe des Wohnmobils

Richten Sie das Wohnmobil so her, dass Sie nichts vergessen können: Öffnen Sie alle Schranktüren und schauen auch unter den Matratzen nach. Immer wieder bleiben persönliche Gegenstände in den Fahrzeugen zurück, die oft erst dann gefunden werden, wenn die Mieter abgeflogen sind.

Die Abrechnung der gefahrenen Kilometer oder Meilen und die Verrechnung der Kaution sollten keine Probleme bereiten. Strittig zwischen Mieter und Vermieter ist zuweilen, was „sauber" ist, ob die Reinigungsgebühr, die Ihnen bei Fahrzeugübernahme mitgeteilt oder bereits abgebucht wurde, zuruckgezahlt werden muss oder nicht.

Der Transfer zum Flughafen wird vom Vermieter entweder individuell durchgeführt, d.h. dann, wenn Sie fertig sind; oder er erfolgt nach einem „Fahrplan" zu bestimmten Zeiten für mehrere Familien oder Gruppen gemeinsam. In jedem Fall haben Sie am letzten Tag Wartezeiten: beim Vermieter auf die Rücknahme des Fahrzeugs oder den Transfer und am Flughafen bis zum Abflug.

Glossar und
Wohnmobilvermieter

Der Moraine Lake im Banff-Nationalpark
in Kanada (📷 www.fraserway.com)

Glossar

Wir erläutern hier eine Reihe wichtiger Begriffe und Fachausdrücke, mit denen Sie während Ihrer Nordamerikareise konfrontiert werden können. Einige davon stehen selbst in deutschen Prospekten in englischer Sprache, denn manche Veranstalter machen sich nicht die Mühe, die von den Vermietern erhaltenen Grundrisse der Wohnmobile einzudeutschen. Auch für diese unkommentierten englischsprachigen Abkürzungen liefern wir hier die Übersetzung.

AAA: *Triple A* gesprochen = 🆔 *American Automobile Association*, Automobilclub der USA.

AC: Wechselstrom (*Alternating current*), ☞ *DC*.

A/C: ☞ *Air Condition*.

Accident: Unfall, versicherungstechnisch bei Beteiligung eines anderen Fahrzeugs.

Address: Anschrift; in Nordamerika ist die Straße gemeint, der Wohnort wird in Fragebogen unter City abgefragt.

Air Condition: Klimaanlage; übliche Abkürzung: A/C. (☞ *Dash Air und Roof Air*).

Aircraft Patrolled: Warnung, dass die Straße aus der Luft überwacht wird. Es ist ratsam, die Geschwindigkeitsbeschränkungen und Überholverbote strikt einzuhalten (☞ *Speeding*).

Alkoven: Bettnische; Schlafraum über dem Wohnmobilfahrerhaus.

a.m.: „*ante meridiem*" = vormittags (☞ *p.m.*)

AM: Die Mittelwelle beim Autoradio.

American Breakfast: Üppiges Frühstück mit Saft, Eiern mit Speck oder gekochtem Schinken, Toastbrot, Pfannkuchen oder Waffeln mit Ahornsirup. Im Gegensatz dazu das ☞ *Continental Breakfast*.

AM/FM Radio: Autoradio mit Mittel- und Ultrakurzwelle.

AMHS: *Alaska Marine Highway System* = Alaskafähre.

Amtrak: Amerikanisches (Personen)-Eisenbahnsystem.

AP: *American Plan* = Vollpension.

Area Code: Telefonvorwahl für einen Staat, eine Provinz oder Teile davon, besteht immer aus drei Ziffern.

B&B: *Bed and Breakfast*, Zimmer mit Frühstück in Pension oder Privathaus.

BCFC: *British Columbia Ferry Corporation* = BC-Fährgesellschaft.

Beaver: Biber; auch einmotoriges Buschflugzeug von DeHavilland, das auf Rädern, Pontons oder Kufen weit verbreitet ist.

Bell Boy oder Bell Captain: Hotelangestellter, der sich bei der Ankunft des Gastes um das Gepäck kümmert.

Black Water: Inhalt des WC-Tanks (☞ *Gray water*).

Booster Cable: Starthilfekabel.

Bug Repellent: Schutzmittel gegen Insektenstiche, z.B. Muskol, Off, Autan.

Bulk Food: Lose Ware in Supermärkten. Selbstbedienung aus Behältern, ähnlich unseren früheren „Tante-Emma-Läden".

CAA: *Canadian Automobile Association* = ⓐ Automobilclub Kanadas.

Cab-over Bed: Bett oberhalb der (Fahrer-)Kabine (☞ *Alkoven*).

CAD: Internationale Abkürzung für den kanadischen Dollar.

Campground: Campingplatz, einzelner Stellplatz *Campsite*.

Canal: Meeresarm, genau genommen ein Fjord.

Cancellation: Stornierung; Verb = *to cancel*.

CDR: Collision Damage Reducer = Versicherung für Kaskoschäden am Fahrzeug, immer verbunden mit einer Selbstbeteiligung (*Deductible*), ☞ Abschnitt Versicherungen, S. 113.

CDW: *Collision Damage Waiver* = andere Bezeichnung für CDR, *Reducer* = Begrenzung eines Anspruchs, *Waiver* = Verzicht auf einen Anspruch.

Cereals: dt. Cerealien. Benannt nach der griechischen Göttin des Korns (Ceres), sind das alle Produkte, die aus Getreide hergestellt werden, besonders Corn Flakes, Shredded Wheat, Rice Crispies usw., die zu einem typisch nordamerikanischen Frühstück gehören.

Check: Das Wort hat mehrere Bedeutungen: Zum einen ist es eine Amerikanisierung des Wortes Cheque = Scheck, zum anderen bezeichnet man damit die Restaurantrechnung („May I have the check, please"); außerdem bedeutet es Überprüfung oder die Aufforderung dazu („Please check the engine oil for me", wenn man den Ölstand im Motor nicht selbst prüfen möchte).

Check-out Time: Der Zeitpunkt, zu dem ein Hotelzimmer geräumt sein muss.

CHF: Internationale Abkürzung für den Schweizer Franken.

Chip: Ein kleines Stück von irgendetwas; Pommes-frites; kleiner Einschlag in der Windschutzscheibe.

Chowder: Eintopf, dicke Suppe, z.B. *Clam Chowder* mit Muscheln, *Seafood Chowder* mit unterschiedlichen Meeresfrüchten.

Clearance: Durchfahrtshöhe an Brücken, Garageneinfahrten, Waschstraßen...

c/o: *Care of* = so viel wie „zu Händen" in Anschriften.

Code Sharing: Flüge zweier Fluggesellschaften auf derselben Maschine mit zwei Flugnummern.

Coffee Shop: Kein Geschäft zum Einkaufen von Kaffee, sondern ein Restaurant für kleine Gerichte: Suppen, Salate, Hamburger, Sandwiches. Komplette Mittag- und Abendessen gibt es im *Dining Room.*

Collect Call: R-Gespräch; der Angerufene übernimmt die Kosten des Telefonats.

Continental Breakfast: Der Begriff ist aus englischer Sicht zu verstehen und meint ein Frühstück, das nicht „englisch" = üppig ist mit Speck, Eiern, Pfannkuchen usw. (☞ *American Breakfast*).

Convenience Kit: Campingausstattung eines Wohnmobils.

Converter: Transformator zur Umwandlung von Netzstrom 110 V in 12-V-Strom für die bordeigenen Niedervoltlampen und -Geräte; manchmal hat es die unangenehme Eigenschaft zu brummen.

Credit Note: Gutschrift als Ausgleich für einen von der Kreditkarte abgebuchten Betrag, z.B. eine Kaution an den Wohnmobilvermieter.

Crew Cab: Doppelkabine eines Pickup Truck wie Super Cab, aber mit zwei Türen auf jeder Seite.

Cruise Control: Tempomat.

Cup: Tasse, auch Maßeinheit in der Küche.

Dash Air: Klimaanlage im Fahrerhaus (☞ *Roof Air und* ☞ *Air Condition*).

DC: Gleichstrom (☞ *AC*).

Decaffeinated: Koffeinfrei, in Kurzform auch *decaf* oder (in Kanada) „*Sanka*" (eine Marke).

Deductible: „Abzugsposten" von einem Gesamtschaden, d.h. Selbstbeteiligung.

Delicatessen: Als Restaurant spezialisiert auf Sandwiches, im Supermarkt die Abteilung für Spezialitäten aus der Region oder Übersee.

Department Store: Warenhaus, Kaufhaus.

Deposit: Kaution (☞ *Security Deposit*).

Diner: Symbol für das „mobile Amerika": ursprünglich ausrangierte Eisen-
bahnwagen, die in Bars und Restaurants umgewandelt wurden. Es gibt
nicht mehr viele, aber sie sind ein Stück Nostalgie im Gegensatz zu
den uniformen Fast Food-Restaurants.

Dinette: Essecke, bestehend aus Tisch und zwei Sitzbänken; kann in ein Bett
umgewandelt werden.

Dinner: Abendessen, als solches auch gelegentlich Supper genannt.

Dirt Road: Unbefestigte Straße, für Wohnmobile meistens nicht geeignet
oder vom Vermieter nicht zugelassen.

Discount: Nachlass, Rabatt

Donut: Fettgebackenes, für das es viele deutsche Namen gibt: Berliner Pfannkuchen, Kreppel, Krapfen; sie haben oft ein Loch in der Mitte.

Double Room: Doppelzimmer mit einem einzigen großen Bett (☞ *Queen
size* oder ☞ *King size*).

Drive In: Schnellrestaurant mit Autoschalter (Essen ohne auszusteigen). Für
Wohnmobile wegen geringer Breite oder zu geringer Höhe nicht
geeignet. Auch als Kino: *Drive In Cinema*.

Driver's License: Führerschein.

Drug Store: Mischung aus Einzelhandelsgeschäft mit Frühstück und Apotheke;
preiswerte Snacks bis spät in die Nacht erhältlich.

Dry Cleaning: Chemische Reinigung.

DST: *Daylight Saving Time* = Sommerzeit

Dumping: Ablassen des Gebrauchswassers aus Dusche und Küche und des
Inhalts des Fäkalien-Tanks an der Sani Station oder Dumping Station
auf Campgrounds.

Eggs: Eier werden in vier Varianten zum Frühstück angeboten: *Fried* =
gebraten als Spiegelei *Sunny side up* oder auf beiden Seiten gebraten
Over easy, Scrambled = Rührei und *Poached* = verlorenes Ei.

Elevator: Aufzug, Lift.

ELVIP: *Extended Liability and Vacation Interruption Protection* = Erhöhung
der Deckungssumme bei der Haftpflichtversicherung und besondere
Ausprägung der Kaskoversicherung mit Entschädigungsgarantie für
Pannen, die nicht unfallbedingt sind; dafür ist eine Prämie an den Vermieter zu zahlen.

EP: *European Plan* = Übernachtung ohne Frühstück.

Factory Outlet: Fabrikverkauf, in einigen Regionen Nordamerikas, z.B. in Neuengland, weit verbreitet. Dort wird zweite und dritte Wahl zu besonders günstigen Preisen angeboten. Schnäppchenjäger kommen zuhauf, einige Läden haben immer geöffnet.

Fading: Nachlassen der Bremswirkung bei heißlaufenden Bremsen, z.B. beim Bergabfahren, ohne die Bremswirkung des Motors auszunutzen.

Falling Rock: Warnung vor Steinschlag.

Fast Food: Hierunter zählt alles, was man als Europäer für „typisch amerikanisch" hält: Hamburger, Cheeseburger, Fried Chicken, Hot Dogs.

Flagman: Arbeiter/Arbeiterin im Straßenbau mit Warnschild vor Baustelle.

Flash Flood: Plötzlich auftretende Sturzflut, besonders in den Wüstengebieten im Süden der USA, kann Täler, Schluchten und Senken blitzartig in reißende Ströme verwandeln. Warnschilder sollten sehr ernst genommen werden.

FM: Beim Autoradio die Ultrakurzwelle (UKW).

4WD: *Four-Wheel Drive* = Allrad-Antrieb.

Fresh Water: Frischwasser, Trinkwasser.

Fridge: Kurzform für *Refridgerator* = Kühlschrank.

Front Desk: Empfang eines Hotels.

Fuel: Treib- oder Brennstoff jeder Art.

Garbage: Abfall, wird gesammelt in Garbage Containers.

Gas: Kurzform von *Gasoline* = Benzin.

Gasoil: Amerikanische Bezeichnung für Dieselkraftstoff.

Gaucho: In Grundrissplänen mancher Vermieter eine Verballhornung für „Couch", kommt auch als „Goucho" vor.

General Store: Gemischtwarenladen abseits großer Städte, oft die einzige Einkaufsmöglichkeit weit und breit, deshalb umfassend sortiert („*If we don't have it, you don't need it*", so das Motto von Christensen's in Anahim Lake, BC, am Highway 20). Oft ist das Postamt und der *Liquor Store* integriert.

Grader: Maschine zum Glätten von Schotterstraßen.

Gratuity: Trinkgeld; heißt auch *Tip*.

Gravel Road: Schotterstraße, oft in gutem Zustand und auch mit Wohnmobilen problemlos befahrbar.

Gray Water: Schmutzwasser aus Küche und Dusche (☞ *Black Water*).

GST: Kanadische *Goods and Services Tax*, eine nationale Umsatzsteuer, die zusätzlich zur Provinzsteuer erhoben wird, z.Z. 7 %. Besorgen Sie sich das Formular *Tax Refund for Visitors*, mit dem Sie für bestimmte Käufe (Bücher, Kleidung, Souvenirs) über CA$ 50 je Originalquittung die Steuer erstattet bekommen.

Handicap: Behinderung; Handicapped persons sind Behinderte; auch Vorgabe beim Golf.

Hit-and-Run: Fahrerflucht.

Hitchhiker: Anhalter; man sollte sie aus Versicherungsgründen nur im Notfall mitnehmen.

Hook-ups: Anschlüsse für Strom, Wasser und Abwasser auf Campingplätzen.

Howdy: Verballhornung der Begrüßungsformel *How do you do*.

Incidentals: Vom Hotelgast zu zahlende Ausgaben, die nicht zu den Leistungen des Reiseveranstalters gehören, z.B. Minibar, Zimmerservice, Restaurant, Wäscherei.

Insect Repellent: ☞ *Bug Repellent*.

Inside Passage: Teil des Pazifischen Ozeans, der zwischen dem Festland und vorgelagerten Inseln zwischen Kanada und Alaska liegt und in dem Kreuzfahrtschiffe und Fähren verkehren.

Interior: Das „Innere", im Wohnmobil die Inneneinrichtung, an der Schäden auch bei Abschluss der Zusatzkaskoversicherung nicht gedeckt sind, wenn es sich nicht um einen Verkehrsunfall handelt.

Interpreter: Dolmetscher, Übersetzer.

Jerry Can: Reservekanister für Benzin, nützlich nur für den Dempster Highway.

Jet Lag: Folgen der körperlichen Anpassung beim Queren mehrerer Zeitzonen; Flüge in westlicher Richtung werden von den meisten Menschen als weniger unangenehm empfunden als Flüge in östlicher Richtung.

Junk Food: Junk = wertloses Zeug; so werden Nahrungsmittel bezeichnet, die man als minderwertig betrachtet.

King Size: Doppelbett im Hotel ca. 2,00 x 2,00 m; im Wohnmobil ca. 1,50 x 1,90 m; ☞ *Queen Size*.

KOA: *Kampgrounds of America*, weit verbreitete Campingplatzkette, die die Eigentümer oder Pächter zur Einhaltung strenger Regeln verpflichtet.

Laundry Service: Wäscherei im Hotel.

Lavatory: *Toilette*; auch *Rest Room*, *Wash Room*, *Bath Room*, für Damen *Ladies Room*, *Powder Room* oder *Cloak Room*.

LDW: *Liability Damage Waiver*, so viel wie ☞ CDW.

Lease-Back: Wohnmobile werden verkauft und von den Käufern „zurückgemietet" für den Einsatz in der Flotte eines Vermieters. Der Eigentümer kann für seine Investition Abschreibungen steuerlich geltend machen, der Vermieter bindet sein Kapital nicht in den eingesetzten Fahrzeugen.

Liability: a) Haftung des Vermieters: Er versichert die Mietfahrzeuge bis zu einer bestimmten Höhe gegen Schäden, die der Mieter verursacht (Haftpflichtversicherung). b) Haftung des Mieters: Er muss bis zu einer bestimmten Höhe die Reparaturkosten für selbst verschuldete Schäden am Mietfahrzeug tragen, unterschiedlich nach Versicherungsumfang.

Licenced/licensed: Restaurant mit der Lizenz zum Ausschenken von Alkohol.

Licence Plate: Nummernschild am Kraftfahrzeug.

Lift: Aufzug, englische Bezeichnung, amerikanisch: Elevator.

Liqueur: Likör, gespr. „likjuhr", Betonung auf der zweiten Silbe.

Liquor: gesprochen „licker", Betonung auf der ersten Silbe; eigentlich eine Flüssigkeit allgemein, überwiegend gebraucht für hochprozentige alkoholische Getränke.

Liquor Store: Laden, in dem alkoholische Getränke verkauft werden. Wein und Bier ist in manchen Provinzen und Staaten auch in Supermärkten zu bekommen. Im Gegensatz zu den Supermärkten, die häufig rund um die Uhr geöffnet sind, gelten für die Liquor Stores je nach Staat und Provinz strenge Öffnungszeiten.

Litter: Das Wort hat mehrere Bedeutungen (Sänfte, Streu, Wurf), begegnet einem aber am meisten im Sinn von Abfall: *Litter Barrel* in Kanada entspricht *Garbage Can* in USA.

Longdistance call: Ferngespräch.

Lost and Found: Fundbüro, z.B. am Flughafen.

Lounge: Vorhalle, Foyer; auch Sofa, Chaiselongue.

LPG: *Liquid Propane Gas* = Propangas

Mall: Einkaufs- und Dienstleistungskomplex unter einem Dach mit unterschiedlichen Geschäften, Supermärkten, Liquor Stores etc.

MAP: *Modified American Plan* = Übernachtung mit Frühstück und Abendessen.

Merge: Aufforderung zum (vorsichtigen) Eingliedern in den Verkehr einer vorfahrtberechtigten Straße; das Schild steht auch an der Vorfahrtstraße, man fährt „Reißverschluss" und pocht nicht auf seine Vorfahrt.

MEZ: Mitteleuropäische Zeit.

Microbreweries: Privatbrauereien, die qualitativ hochwertiges Bier meist nur regional verkaufen, nicht in Dosen, sondern Flaschen; an der Westküste der USA stark vertreten.

Milepost: Meilen-/Kilometerstein oder -pfosten am Straßenrand.

Mobile Home: Wohnhaus, das mittels Tieflader von einem Ort zum anderen versetzt werden kann; besteht oft aus zwei Hälften, die - einzeln transportiert - am Zielort in Mobile Home Parks zusammengesetzt werden.

Model Year: Hersteller- oder Vermieterangabe zur Beschreibung eines Wohnmobils, hat nichts zu tun mit dem Baujahr.

Monitor: Kontrollpaneel, Anzeigegerät für die Tankinhalte (Frischwasser, Abwasser, WC) und den Ladezustand der Batterie.

Monument: Denkmal, kann auch für eine kleine Erinnerungstafel benutzt werden. Als *National Monument* so viel wie National- oder Naturpark in USA.

Mural: Wandgemälde von oft beeindruckenden Ausmaßen an Häusern.

Non Smoking: Die Belästigung von Nichtrauchern durch Raucher wird in Nordamerika seit einiger Zeit heftig bekämpft. In allen öffentlichen Gebäuden und Verkehrsmitteln ist das Rauchen verboten. Je nach Staat auch in Restaurants.

Nudist Colony: Abgeschlossene Siedlung für Anhänger der Freikörperkultur. FKK ist in Nordamerika nur in solchen Anlagen möglich. Selbst „Oben-ohne" kann am Strand mit einem Besuch im Gefängnis enden.

Otter: Otter; so heißt auch ein einmotoriges, weitverbreitetes Buschflugzeug von DeHavilland.

Oven: Backofen, im Wohnmobil mit Propangas betrieben.

Overdrive: Schongang zusätzlich zu den drei Gängen des Automatikgetriebes.

Overhead Objects: Gegenstände, die sich „über dem Kopf" befinden, z.B. Äste, Dächer von Tankstellen etc.; sie werden meistens aus dem Versicherungsschutz ausgenommen, für Schäden am Fahrzeug durch Overhead objects haftet der Mieter.

Overflow Area: Reservebereich auf einem Campground, der geöffnet wird, wenn die regulären Stellplätze alle vergeben sind.

Panhandle: Als „Pfannenstiel" wird der südöstliche Teil Alaskas sowie der nördliche Teil von Texas bezeichnet.

Pavement: Straßenbelag, „Pflaster"; englisch bedeutet das Wort Bürgersteig, der amerikanisch *Sidewalk* heißt.

Pay Phone: Öffentliches Münztelefon, oft auch in Hotellobbies vorhanden.

Pay-TV: Fernsehsender oder -kanäle, die nur gegen Bezahlung genutzt werden können. In Hotels ist Wachsamkeit geboten, wenn man nicht versehentlich in solche Programme geraten will.

Pets: Haustiere, werden von einigen Vermietern im Wohnmobil nicht erlaubt.

Pickup Truck: Pritschenlastwagen, Basis für *Pickup-Camper.*

Pit Toilet: Toilette über einem Loch im Boden, „Plumpsklo".

Pilot: Pilot eines Flugzeugs, aber auch die Stellung des Schaltknopfs beim Gasherd und der Warmwasserversorgung, bei der die Zündflamme brennt, bis das Gas in die Brenner strömt (Regelung des Ventils mittels Bimetallstreifen).

PIN: *Personal Identification Number,* vierstellige Geheim-/Sicherheitsnummer bei Kredit- und Telefonkarten.

p.m.: *post meridiem* = nachmittags (☞ *a.m.*).

Police Report: Protokoll nach der Aufnahme eines Unfalls durch die Polizei, wird regelmäßig von den Vermietern verlangt, wenn der Versicherungsschutz nicht verloren gehen soll.

Postal Code: Postleitzahl; in Kanada sechsstellige Buchstaben-Zahlen-Kombination; in USA aus fünf Ziffern bestehend, gelegentlich mit angehängten vier Ziffern für den Zustellbezirk.

Preparation Fee: Bereitstellungsgebühr, schließt verschiedene Leistungen ein wie Transfers, einen vollen Propantank, die Erstausstattung mit WC-Chemikalien; Umfang der Leistungen unterschiedlich nach Vermietern; häufige Abkürzung Prep Fee.

Propane: Propangas zum Kochen, Heizen des Wohnmobils und Wassers für Küche und Bad.

Power Brakes: Bremsen mit Bremskraftverstärker, Servo-Bremsen.

Power Steering: Servolenkung.

Pull-Through: Stellplatz auf einem Campground, bei dem man durchfahren kann; besonders geeignet für *Trailer*, *Fifth-Wheel*-Fahrzeuge, aber auch für große *Motorhomes*.

Queen Size: Hoteldoppelbett in der Größe etwa 1,50 x 2,00 m, im Wohnmobil meist ca. 1,30 x 1,90 m; ☜ *King Size*.

Ranger: Bediensteter der Parkverwaltung, Aufseher.

RCMP: *Royal Canadian Mounted Police* = Kanadische Bundespolizei mit langer Tradition, auch *Mounties* genannt; *Mounted* heißt „beritten" und hat nichts mit Bergen zu tun.

Refer: In Grundrissen der Wohnmobile gelegentlich gebrauchte Kurzform für *Refridgerator*.

Refill: Das Nachschenken von Kaffee (überwiegend kostenlos) oder anderen Getränken.

Refridgerator: Kühlschrank, Kurzform auch *Fridge* oder in Grundrisszeichnungen der Vermieter *Refer*.

Registered: Einschreiben bei der Post.

Rest Room: Kein „Ruhe- oder Rast"-Raum, sondern der übliche Ausdruck für Toilette (☜ *Lavatory*).

Roof Air: Klimaanlage auf dem Dach des Motorhomes; kühlt den Wohnbereich und lässt sich auch zum Heizen nutzen.

Room Service: Zimmerservice im Hotel; die Speisen sind teurer als im Restaurant.

Root Beer: Limonade mit eigenartigem Geschmack; hat mit Bier nichts gemein.

RV oder **R.V.:** *Recreational Vehicle* = Wohnmobil.

Sale: Schluss, Sonder- oder Ausverkauf, eine Gelegenheit für Schnäppchenjäger.

Sales Tax: Verkaufs- oder Umsatzsteuer, regional unterschiedlich, nur Alberta, das Yukon Territorium und Alaska haben keine. Sie wird immer auf den angegebenen Verkaufspreis aufgeschlagen. Zusammen mit der ☜ GST kann ein Produkt 16 % teurer sein, als auf dem Preisschild steht. Ulkig: Sales Tax wird auch auf Briefmarken berechnet!

Same Day Turnaround: Der Vermieter verlangt die Rückgabe des Fahrzeugs am Vormittag und übergibt es an den nächsten Mieter am Nachmittag, er „dreht" das Fahrzeug also am gleichen Tag um. Das bringt ihm eine Tagesmiete mehr als einem Vermieter, der sich Zeit nimmt, das Wohnmobil über Nacht auf seinem Gelände stehen zu lassen, damit Reinigung und Wartung gründlich und ohne Zeitdruck durchgeführt werden können.

Sani Station: Platz zur Entsorgung von Schmutzwasser und Fäkalien, auch *Dumping Station* genannt.

Security Deposit: Kaution, die als Sicherheit für den Vermieter hinterlegt werden muss.

Self-contained: Wohnmobile sind mehr oder weniger in sich komplett, autark, unabhängig; zumindest für einige Tage.

Sewer: Abwasserkanal oder -leitung.

Sewer Hose: Abwasserschlauch.

Shopping: Einkaufen für den Lebensunterhalt, aber auch als Erlebnis oder Vergnügen, in der Form des *Window shopping* das Bummeln entlang der Schaufenster auch ohne konkrete Kaufabsicht (☞ *Factory Outlet*).

Shoulder: Schulter, aber auch Bankette, der unbefestigte Randstreifen einer Straße; als Warnschild häufig *Soft Shoulder*.

Shower: Dusche.

Shuttle Service: Pendelverkehr zwischen bestimmten Punkten oder als Zubringer zwischen Hotel und Wohnmobilvermieter.

Sink: Ausguss, Spüle.

Smoke Detector: Rauchwarngerät im Wohnmobil, soll bei etwaigem Brand mit einem Warnton die Insassen wecken. Dummerweise reagiert das Gerät nicht nur auf unbeabsichtigtes Feuer, sondern schlägt auch schon mal Alarm beim Toasten von Brot oder beim Braten von Fleisch in der Pfanne. Abhilfe schafft das Herausnehmen der Batterie; man sollte sie für die Nacht wieder einlegen.

Soft Drink: Alkoholfreies Getränk.

Sourdough: Sauerteig für Backwaren aller Art; auch Bezeichnung für Alaskaner, die schon lange im Land sind. Im Gegensatz dazu heißt der Alaska-Neuling *Cheechako*.

Speeding: Zu schnelles Fahren, Geschwindigkeitsübertretung; wird häufig hart bestraft.

Spoon: Löffel, auch Maßeinheit in der Küche.

Stamp: Briefmarke, Stempel.

Stove: Herd, im Wohnmobil als Propangasherd vorhanden.

SOF = *Signature on File*: Vermerk auf dem Kreditkartenbeleg, wenn der Kunde nicht selbst unterschreibt, man aber seine Unterschrift „im Vorgang" hat.

Super Cab: Doppelkabine eines Pickup Truck mit Sitzbank und zwei Notsitzen oder zwei Sitzbänken und einer Tür je Seite (☞ *Crew Cab*).

Surcharge: Aufpreis, z.B. für die Einwegmiete oder bestimmte Fahrtgebiete.

Swivel Chair: Drehsessel hinter dem Beifahrersitz in größeren Wohnmobilen; darf während der Fahrt nur benutzt werden, wenn er mit Sicherheitsgurt ausgestattet ist.

Tag: Anhänger, z.B. Kofferanhänger der Airlines mit Dreibuchstabencode.

Taken: Besetzt, reserviert, z.B. auf Stellplätzen der Campgrounds, wenn das Wohnmobil tagsüber auf Tour ist, aber der Stellplatz für die Nacht gehalten werden soll.

Tilt Steering: In der Neigung verstellbares Lenkrad.

Tip: Trinkgeld, aber auch „Hinweis" wie bei uns.

Toilet: Toilette, wenig benutzte Bezeichnung für ☞ *Rest Room* oder ☞ *Lavatory*.

Toll: Maut für Brücken, Schnellstraßen (*Toll Road*) oder Tunnel.

Toll-free: Gebührenfreie Telefonnummern, meist 1-800.

Trailer Park: Gelände für *Mobile Homes*, Dauercamper und manchmal auch für durchreisende Wohnmobilurlauber. Oft in größeren Städten; deshalb auch manchmal nicht „park"-ähnlich, es geht vielmehr eng zu.

Trespassing: Betreten privaten oder öffentlichen Grundes ohne Genehmigung, in der Form No Trespassing als Verbotsschild gebräuchlich.

Triptik: Routenbeschreibung, die der ⓐ individuell zusammenstellt: Streifenkarten einzelner Strecken, ergänzt durch Übersichtskarten der Region und Detailkarten von Städten, werden entsprechend der geplanten Route zusammengestellt und markiert; bekannte Baustellen werden gekennzeichnet.

Truck: Lastwagen.

Twin Room: Doppelzimmer mit zwei getrennten Betten in ☞ *Queen Size* oder ☞ *King Size* (☞ *Double Room*).

U-Turn: Richtungsänderung um 180°, oft mit *No U Turn* verboten.

Undercarriage: Fahrgestell eines Wohnmobils; Schäden werden meistens aus dem Versicherungsschutz ausgenommen, für sie haftet der Mieter trotz Abschluss der Kaskoversicherung.

Unleaded (*gasoline*): bleifreies Benzin.

USD: Internationale Abkürzung für den US-Dollar.

Valet Parking: Ein Hotel- oder Restaurantangestellter übernimmt den Wagen des Gastes und bringt ihn auf einen Parkplatz oder in ein Parkhaus, die dem Gast selbst nicht zugänglich sind.

Valet Service: Wie *Laundry Service* die Wäscherei im Hotel.

VIP: *Very Important Person* = bedeutende Persönlichkeit; im Wohnmobilgeschäft auch eine bestimmte Art der Kaskoversicherung: *Vacation Interruption Protection*.

Voucher: Gutschein für bestimmte touristische Leistung(en).

Waiter, Waitress: Kellner, Kellnerin.

Wash Basin: (Hand-) Waschbecken.

Wheel Chair: Rollstuhl.

Wide Load: Schwertransport mit Überbreite, oft ein Mobile Home.

Xing: Kurzform für *Crossing* = Kreuzung; Warnschild für alles, was einem in die Quere kommen könnte: *Ped* = Fußgänger, *Caribou* = Rentier.

Yellow Pages: Gelbe Seiten = Branchentelefonbuch.

Yield: Dem Querverkehr Vorfahrt gewähren.

ZIP-Code: Postleitzahl in USA, besteht aus fünf Ziffern, oft ergänzt durch vier Ziffern nach einem Bindestrich für den Zustellbezirk. Sie steht immer hinter dem Staatscode nach dem Ortsnamen (Kanada ☞ *Postal Code*).

Wohnmobilvermieter und ihre Stationen

Cruise America
💻 www.cruiseamerica.com

Road Bear RV
(wurde von THL (💻 www.thlonline.com) für $ 5 Mio. gekauft)
💻 www.roadbearrv.com

Moturis RV
(wurde von Camping World übernommen, läuft aber weiterhin unter der gleichen Web-Adresse)
💻 www.moturis.com

El Monte RV
💻 www.elmonterv.com

Autocalifornia STI
(Langzeitmieten, alte Fahrzeuge)
💻 www.autocalifornia.com

TransAtlantic Automobile
(arbeiten viel mit Autocalifornia STI zusammen, seit Langem auf dem Markt)
💻 www.transatlantic-rv.com

USA Camper RV INC
(Langzeitmieten und Kurzzeitmieten)
💻 www.usa-camper.de
💻 www.usacamperrv.de

Apollo RV
💻 www.apollorv.com

Fraserway RV
💻 www.fraserway.com

Escape Campervans
(Vermietung von Vans)
🖥 www.escapecampervans.com

Autoteam
(Langzeitmieten und Autovermietung)
🖥 www.autoteam.com

Jucy Rentals
(Vermietung von Vans, gehört zu Apollo RV)
🖥 www.jucyrentals.com

CanaDream Campers
🖥 www.canadream.com

Go West
🖥 www.go-west.com

Westcoast Mountain Campers
🖥 www.wcmcampers.com

Buchtipps aus dem

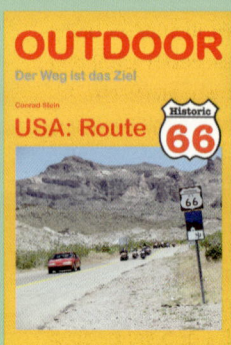

USA: Route 66

Conrad Stein
OutdoorHandbuch Band 84
Der Weg ist das Ziel
222 Seiten ▶ 78 farbige Abbildungen
18 farbige Kartenskizzen ▶ 1 farbige Übersichtskarte

ISBN 978-3-86686-356-9

>> **Magazin Classic:** *„[...] mit Reiseführern wie diesem, ist es möglich die Strecke zu finden [...] und all das in kompaktem Format.“*

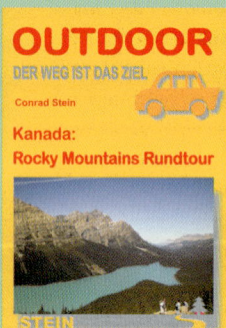

Kanada: Rocky Mountains Rundtour

Conrad Stein
OutdoorHandbuch Band 67
Der Weg ist das Ziel
187 Seiten ▶ 56 farbige Abbildungen
1 farbige Übersichtskarte

ISBN 978-3-86686-067-4

>> *Umfangreiche Informationen zu Sehenswürdigkeiten, Unterkünften und vielem mehr begleiten die Rundtour.*

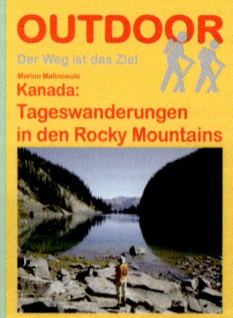

Kanada: Tageswanderungen in den Rocky Mountains

Marion Malinowski
OutdoorHandbuch 50
Der Weg ist das Ziel
173 Seiten ▶ ca. 74 farbige Abbildungen
ca. 7 farbige Kartenskizzen
NEU im Frühjahr 2013
ISBN 978-3-86686-407-8

Ob Neuling oder Wanderprofi - die abwechslungsreichen Strecken bieten für jeden das Richtige.

Conrad Stein Verlag

Ratgeber rund ums Wohnmobil

Conrad Stein
OutdoorHandbuch Band 24
Basiswissen für draußen
136 Seiten ▶ 39 farbige Abbildungen

ISBN 978-3-86686-332-3

>> **Reisemobil Interaktiv:** *„Ein nützliches Nach-schlagewerk - kurz, prägnant und informativ."*

Kochen 2 - für Camper

Claudia Erben
OutdoorHandbuch Band 99
Basiswissen für draußen
120 Seiten ▶ 31 farbige Abbildungen

ISBN 978-3-86686-322-4

>> **Jungscharhelfer-Jahrbuch:** *„jede Menge leckere Rezepte."*

Karte, Kompass, GPS

Reinhard Kummer
OutdoorHandbuch Band 4
Basiswissen für draußen
128 Seiten ▶ 85 farbige Abbildungen

ISBN 978-3-86686-404-7

>> **Berlin Alpin:** *„Diese kleine Navigationslehre enthält die Grundkentnisse der Standortbestimmung mit den 3 Navigationsmitteln Karte, Kompass und GPS."*